GOLDMANN

Buch

Natasha ›Nat‹ Binder ist nach New Orleans gekommen, um ihren Vater zu besuchen. Doch Doug Binder ist spurlos verschwunden, und Nat stellt nur zu bald fest, daß man im French Quarter in verdammt brenzlige Situationen kommen kann. Ihr Glück, daß sie Chance Boudreaux kennenlernt, einen charmanten, draufgängerischen Cajun, der keinem Flirt und keinem Fight aus dem Weg geht. Denn ihr Vater ist längst tot, und die Männer, die ihn auf dem Gewissen haben, lassen sich nicht gern in die Karten sehen. Ihr Geschäft bringt viel Geld. Ihre Kunden sind jagdbesessene Millionäre, die für ihre Passion jeden Preis bezahlen. Ihr Wild: Verlierer, Obdachlose, Gestrandete. Das Motto: Hetzen, draufhalten, abknallen.

Der Name Jean-Claude van Damme steht für harte Action der Spitzenklasse. Mit Filmen wie »Bloodsport«, »Geballte Ladung« oder zuletzt dem Megahit »Universal Soldier«, der weltweit fast hundert Millionen Dollar einspielte, hat er sich unter den absoluten Top-Stars von Hollywood etabliert.

Ein Roman von Robert Tine nach dem Drehbuch von Chuck Pfarrer

HARTE ZIELE

Das Buch zum Film mit Jean-Claude Van Damme

Aus dem Amerikanischen von Karl Georg

GOLDMANN VERLAG

Die amerikanische Originalausgabe erschien 1993 unter dem Titel
»Hard Target« bei Berkley Books, New York

Umwelthinweis:
Alle bedruckten Materialien dieses Taschenbuches
sind chlorfrei und umweltschonend.
Das Papier enthält Recycling-Anteile.

Der Goldmann Verlag
ist ein Unternehmen der Verlagsgruppe Bertelsmann

Umschlaggestaltung: Design Team München
Umschlagfoto: UIP, Frankfurt
Satz: IBV Satz- und Datentechnik GmbH, Berlin
Druck: Elsnerdruck, Berlin
Verlagsnummer: 42357
SN · Herstellung: Peter Papenbrok
Made in Germany
ISBN 3-442-42357-0

1 3 5 7 9 10 8 6 4 2

Erstes Kapitel

Die regennassen Straßen strahlten etwas ausgesprochen Böses aus – Doug Binder konnte es spüren, ja beinahe in der Luft riechen, so gemein war die in der klammen Feuchte hängende Ausdünstung. Er trat aus dem Schatten des alten Lagerhauses, warf nervös einen Blick über die Schulter nach hinten und suchte die stille Straße ab. Er konnte weder jemanden sehen noch einen Ton hören, nur den pladdernden Regen auf dem rissigen Teer der heruntergekommenen Straße. Eng an die Hauswand gedrückt und unter den Dachüberhang des Lagerhauses geduckt, bewegte er sich flink wie eine Ratte durch das Zwielicht.

Binder hatte in seinem Leben schon in mancher Klemme gesteckt, in so einer aber noch nicht. Er griff in sein Hemd, tastete nach der doppelten Hundemarke, die er um den Hals trug, berührte sie, als wäre sie ein Talisman. Er hatte die doppelte Aluminiumplatte in Vietnam getragen, wo er bei einer Aufklärungseinheit der Marineinfanterie gedient hatte. Er hatte 'Nam ungeschoren überstanden, doch in dieser Nacht war es, als hätte der Krieg von neuem begonnen. Alles kam wieder hoch: die Aufregung, der Schrecken, die Furcht und die verzweifelte Sehnsucht nach einem Sieg.

Binder verharrte im gelblichen Lichtkegel einer Laterne, blieb stehen und suchte erneut die Straße ab. Er war ein kräftiger, massiv wirkender Mann Ende Vierzig, dessen kantiges, von zahllosen Runzeln und Fältchen zerfurchtes Gesicht von einem harten, entbehrungsreichen Leben zeugte.

Plötzlich kam etwas Gefährliches durch die Nacht gezischt. Ein schlanker Pfeilschaft, gekrönt von einer fünf Zentimeter langen, rasiermesserschaften Spitze aus rostfreiem Stahl, flog durch die Dunkelheit. Das leise Pfeifen des Pfeils warnte Doug Binder den Bruchteil einer Sekunde vorher, und er warf sich auf das klatschnasse Kopfsteinpflaster. Er konnte den Luftzug des vorbeifliegenden Pfeils spüren und zuckte zusammen, als er knapp über seinem Kopf in die Mauer des Lagerhauses eindrang.

Binder spürte, daß ihn die Panik wie ein Stromstoß durchzuckte. Er hechtete aus dem Lampenschein ins Zwielicht und rannte, was seine Beine hergaben.

Augenblicklich schien die Straße zum Leben zu erwachen, zu einem grimmigen, bedrohlichen Leben voller tödlicher Geräusche. Das tiefe Grummeln eines kräftigen Motors ertönte, ein Range Rover kam die Straße herunter. In den Schatten geduckt, konnte Binder ein furchteinflößendes metallisches Ratschen hören, als ein automatischer Vorderschaftrepetierer durchgeladen wurde und eine Patrone in die Kammer glitt. Da draußen, auf der lichterlosen Straße, waren Männer – Männer, die nur ein einziges Ziel vor Augen hatten: Doug Binder augenblicklich und grausam zu töten.

Mitten auf der Straße rollte der Range Rover aus, und das Aufblendlicht beider Scheinwerfer bohrte sich in die Dunkelheit. Ganz langsam stiegen zwei Männer aus der Nobelkarosse, blieben im Regen stehen und starrten in die Richtung, in die Doug Binder gerannt war.

Der größere der beiden Männer, ein gewisser Emil Fouchon, trug eine elegante Whipcordhose und ein Sportsakko aus Tweed, als befände er sich auf einem zivilisierten Jagdausflug nach europäischer Art. Auf der Jagd befand er sich tatsächlich, wenn auch nicht auf einer, die sich – selbst bei großzügigster Auslegung – als zivilisiert bezeichnen ließe.

Sein Begleiter, Mr. Chang, ein zierlicher Asiat mit Brille und runden Schultern, war ebenso kostspielig gekleidet, und auch er war für die Jagd ausstaffiert – auf dem Rücken trug er einen weichen Lederköcher voller Pfeile. Mr. Chang war sogar der eigentliche Jäger. Er war es gewesen, der den Pfeil auf Binder abgeschossen hatte – Mr. Changs makellos manikürte Hände umschlossen einen schlanken schwarzen Stahlbogen. Es war seine Lieblingsjagdwaffe. Seine bevorzugte Beute waren Menschen.

Beide Männer starrten in die Dunkelheit und horchten auf Doug Binders in der Nacht verhallende Schritte.

»Er entwischt uns«, sagte Mr. Chang aufgeregt.

Mit einem knappen Lächeln schüttelte Fouchon den Kopf. »Sie müssen mehr Vertrauen zu mir haben. Die Nacht ist noch jung, Mister Chang.«

Im Dunkel hinter Fouchon waren weitere Männer, Fouchons Helfershelfer, allesamt schwerbewaffnet, die durch die nassen Straßen vorrückten wie Treiber auf der Fasanenjagd. Sie sollten zu Fouchon und Chang aufschließen und ihr Opfer auf das ölig schwarze Band des Flusses zutreiben. Irgendwo knurrte ein Hund im prasselnden Regen.

Fouchon winkte die Hunde und ihren Führer nach vorne. »Es wird Zeit«, sagte er.

Pik Van Cleave hatte ein böses Gesicht, eine abgestumpfte Visage, der man die Gemeinheit ansah. Er war dünn, schmal wie eine Rasierklinge, und in seinen wäßrig blauen Augen lauerte kalte Rücksichtslosigkeit. Seine Hunde, bösartig aussehende Rhodesische Ridgebacks mit kräftigen Kiefern, wirkten um keine Spur freundlicher als ihr Herr. Sie zerrten an ihren Würgehalsbändern, drängten hinaus in die Dunkelheit, als könnten sie Blutgeruch in der Luft wittern. Van Cleave kniete sich neben seine Schützlinge und stellte die an den dicken Lederhalsbändern der Hunde befestigten Peilsender ein. Die winzigen Zielsuchgeräte gaben gedämpfte Pieptöne von sich.

Fouchon musterte Van Cleave und seine Begleiter. »Seid ihr bereit?«

»Ja, wir sind bereit«, antwortete Van Cleave. Die Hunde schienen mehr als bereit. Sie zerrten winselnd an der Kette, als bettelten sie um die Gelegenheit, töten zu dürfen.

»Ruhig, meine Hübschen... ruhig.« Seine Stimme hatte einen rauhen Klang, und er sprach mit hartem südafrikanischen Akzent, dem barschen Unterton der Afrikaaner aus den rauhen Bergen des östlichen Transvaal.

»Laß sie los«, befahl Fouchon.

Van Cleaves Blick zuckte über die Straße, als wolle er Binder in der Dunkelheit ausfindig machen. Er konnte ihn nicht sehen, doch er hatte nicht die geringsten Zweifel, daß ihn die Hunde aufspüren würden.

»Such!« befahl er.

Die Hunde brauchten keine weitere Aufforderung. Blutdürstig hetzten die beiden Bestien hinaus in die Nacht.

Pik Van Cleave löste die um seine Schulter geschlungene Ledertasche und holte einen flachen schwarzen Kasten heraus, nicht größer als ein Laptop-Computer. Er klappte ihn auf und blickte auf den Schirm. Drei grüne Lichtpunkte waren auf dem Sucher, und der langsamere stellte Doug Binder dar. Die beiden anderen waren die Hunde – rasch schlossen sie aus verschiedenen Richtungen zu ihrem Opfer auf, so daß die Lücke zwischen ihnen zusehends enger wurde.

»Er hält sich südlich«, sagte Van Cleave.

Fouchon betrachtete sich kurz im Spiegel des Range Rovers. Lässig zupfte er an seiner perfekt gebundenen Krawatte. Seine Stimme war ruhig und ausdruckslos.

»Ich will Männer zwischen ihm und dem Fluß haben. Sofort.«

Doug Binder hatte Angst, mehr Angst, als er jemals in seinem Leben gehabt hatte, und ihn trieb nur ein Gedanke: Er mußte von der Straße fort. Er warf sich gegen die Metalltür des Lagerhauses, rüttelte am Griff und versuchte die Tür aufzureißen. Sie war fest verschlossen.

»Verflucht«, stieß Binder hervor. Mit wildem Blick schaute er nach links und rechts, hielt dann auf eine schmale, dunkle Gasse zu und rannte, so schnell er konnte.

Es war eine Sackgasse. Auf halbem Wege blieb Binder abrupt stehen und starrte auf den alten Zaun, der ihm den Weg versperrte. Wertvolle Sekunden verstrichen.

Dann hörte er hinter sich das schwache Piepsen des Peilsenders, der am Halsband des einen Hundes befestigt war. Binder fuhr herum, sah das Tier auf sich zustürzen, sprang am Zaun hoch und versuchte, das obere Ende der alten, verrotteten Bretter zu erreichen. Ein tiefes Knurren drang aus der Kehle des Tieres, und dann schoß es auf Binder zu wie eine ferngelenkte Rakete.

In Sekundenschnelle war der Hund über ihm und schloß die kräftigen Kiefer um Binders Stiefel, daß die rasiermesserscharfen Zähne durch das zähe alte Leder drangen. Fleisch löste sich vom Knochen, als der Hund an Binders Stiefel riß. Aus einem Reflex heraus trat Binder zu und erwischte das Biest mit einer Portion Glück direkt unter den Lefzen, so daß es zu Boden geworfen wurde.

Er zog sich am Zaun hoch und balancierte dort einen Augenblick lang, bereit, auf der sicheren Seite herunterzuspringen. Da kam, mit blitzenden weißen Zähnen und rot leuchtenden Lefzen, der zweite Hund von der anderen Seite aus der Dunkelheit angeschossen.

Der Hund erwischte Binder mit der Wucht einer Kugel

und schlug ihm die Fänge mit aller Kraft in die Schulter. Ineinander verklammert stürzten Mann und Tier von der Zaunkrone. Kaum schlugen sie auf dem Boden auf, fiel auch der andere Hund über Binder her. Das kehlige Knurren der Hunde erfüllte seine Ohren, der Geruch der tödlichen Tiere – ein feuchter, fauliger Geruch – stieg ihm in die Nase; die Hunde schüttelten die Köpfe hin und her, während sie an seinem Fleisch rissen. Einen einzigen Irrsinnsmoment voller Schmerz und Schrecken lang konnte Binder nur einen Gedanken fassen: Die würden ihn umbringen.

Ein tiefer Pfeifton drang aus der Nacht, und, kaum zu glauben, so, als habe jemand einen Stromschalter umgelegt, hörten die Hunde auf, an ihm zu reißen, und trotteten davon, als wäre Binder ein Bündel alter Lumpen, das einen Augenblick lang ganz unterhaltsam gewesen war, sie aber nicht weiter interessierte.

Zerfetzt und blutend rappelte sich Binder auf. Fouchon und Chang traten aus dem Regen und kamen langsam die Gasse entlang. Fouchon hielt eine schallgedämpfte MP-5-Maschinenpistole seitlich auf den Boden gerichtet, doch Chang hatte den Bogen erhoben, schußbereit, einen bösartig aussehenden vierzackigen Pfeil bereits eingelegt. Binder, der mit dem Rücken zum Zaun stand, hatte nicht die geringsten Zweifel, wer das Ziel für diesen Pfeil abgeben sollte.

Chang hob den Bogen, richtete ihn aus und visierte an, bis Binder voll im Fadenkreuz war. Fouchon hielt die Waffe weiterhin gesenkt und verfolgte den Vorgang mit lässigem Desinteresse, wie ein professioneller Safariführer.

Der Pfeil pfiff durch die Dunkelheit und bohrte sich in Binders Schulter. Mit einem widerlichen Klatschen drang die Spitze durch Fleisch und Knochen, und Binder wurde wie ein mit einer Nadel aufgespießter Schmetterling an die Sperrholzlatten genagelt.

Wie ein Feuerwerkskörper explodierte der Schmerz in Binders Kopf, und er spürte, wie sein Körper von einer Welle aus Schock und Übelkeit erfaßt wurde. Mit einer Reflexbewegung krallte er die rechte Hand um den Pfeilschaft und versuchte ihn aus dem Fleisch zu ziehen.

Chang machte sich erneut schußbereit, legte einen neuen Pfeil in die Waffe ein. Binder bot seine ganze Kraft auf; er riß den Schaft aus seiner zerfetzten Schulter und bekam den Pfeil gerade frei, als Chang den nächsten fliegen ließ. Binder warf sich im selben Moment auf die Straße, als der zweite Pfeil den Zaun traf und sich durch das verrottete Holz bohrte.

Binder spürte einen jähen Adrenalinstoß, und er sprang auf. Wie ein Besessener kletterte er auf eine Mülltonne und hechtete über den Zaun. Chang stand mit offenem Mund da, schockiert, daß seine Beute entkommen war, ihn um den Fangschuß betrogen hatte.

Fouchon, leicht amüsiert angesichts Changs Verstimmung, griente. »Etwas schneller müssen Sie *schon* sein, Mister Chang.«

»Ich kriege ihn«, zischte Chang.

Fouchon blickte auf seine Uhr. »Da hege ich keinerlei

Zweifel. Die Frage ist nur, wann?« Ich hoffe doch, bald, fügte Fouchon im Geist hinzu. Allmählich langweilte ihn der grausige Zeitvertreib.

Binders ganzer Körper pochte vor Schmerz, und er konnte spüren, daß er mit jedem Schwall Blut, der aus seiner zerrissenen Schulter quoll, schwächer wurde. Aber er war jetzt fast da, so nahe, daß er es schaffte, seinen gemarterten Körper unter Aufbietung aller Willenskraft zum Weitergehen zu zwingen, sich Schritt für Schritt torkelnd auf den Fluß zuzuschleppen.

Schwere Motorengeräusche dröhnten durch die Nacht, als Motorräder und der Range Rover durch die schmutzigen Nebenstraßen auf Binder zurasten. Verwundbar und ohne jede Deckung überquerte er den weiträumigen, hell erleuchteten Parkplatz, der an den Fluß grenzte. Der Mississippi war breit und dunkel. Verlockend wie Atlantis tanzten die schimmernden Lichter der City von New Orleans am anderen Ufer des Flusses.

Doch nicht die Stadt war sein Ziel. Vielmehr ragte hier ein wackliger, baufälliger alter Pier, an dessen anderem Ende sich eine verfallene Fischerhütte befand, in den Fluß. Binder zwang seinen schmerzgepeinigten Körper zu einer letzten Kraftanstrengung und hielt darauf zu.

Mit quietschenden Reifen kam der Range Rover zum Stehen. Pik Van Cleave stürzte aus der Seitentür und ließ die Hunde los. Blutrünstig jaulend wühlten die beiden Tiere den Kies auf und hetzten hinter ihrer Beute her.

Fouchon und Chang stiegen aus dem Fahrzeug. Fouchon wirkte alles andere als glücklich, als er seine Waffe hob. Obwohl ihm die Hunde hart auf den Fersen waren, sah es so aus, als könne Binder es zu der Hütte schaffen, dem vereinbarten Zufluchtsort bei dieser Jagd. Wenn Binder sein Ziel erreichte, hatte er den tödlichen Wettstreit gewonnen. Das war Fouchon noch nie passiert, und er fragte sich beiläufig, wie er sich verhalten würde, falls Binder doch noch entkam. Er würde Binder natürlich töten – die Frage war nur, ob er in einem Anfall von Wut auch Chang töten würde. Fouchon beschloß, auch zu diesem Schritt bereit zu sein, falls es soweit kommen sollte. Im Augenblick war es vor allem wichtig, daß die Beute ausgeschaltet wurde. Er hob seine MP-5-Maschinenpistole.

»Was machen Sie da?« wollte Chang wütend wissen.

»Wenn er es bis zum Fluß schafft, Mister Chang, dann gewinnt er. Ich fürchte, das kann ich nicht zulassen.«

»Nein!« Chang trat einen Schritt vor. »Ich habe für diese Jagd bezahlt. Ich bestehe darauf, daß ich den tödlichen Schuß abgebe!«

Binder war noch knapp hundert Meter von der Hütte entfernt. Die Hunde hingen ihm fast an den Fersen.

»Schießen Sie nicht vorbei«, knurrte Fouchon.

Chang hob seine Waffe und schoß. Der Pfeil zischte durch die klamme Luft und bohrte sich genau zwischen Binders Schulterblätter. Die Wucht des Aufpralls warf ihn zu Boden. In einem Schleier aus Blut und Schmerz kam Binder torkelnd wieder auf die Beine, die blutunterlaufenen Augen auf die durchhängende Tür der Hütte gerichtet. Mit letzter Kraft warf sich Binder durch die Tür und brach auf den verrottenden Bodendielen zusammen.

»Verdammt!« fauchte Fouchon. Er warf Chang einen vernichtenden Blick zu. »Pik!«

Van Cleave wußte genau, was anstand. »Klar.«

Gemeinsam hoben Fouchon und Van Cleave ihre Maschinenpistolen und feuerten. Die beiden schallgedämpften Waffen spuckten Blei und Flammen, als das Killerpaar Dutzende Kugeln in die morschen Bretter des alten Gebäudes pumpte. Das vereinte Feuer aus beiden Waffen war nicht lauter als das Schnurren einer elektrischen Bohrmaschine.

Das Schußfeuer schlug in die Hütte ein, bis sich das alte Holz unter dem Kugelhagel splitternd auflöste. Binder, der sein Gesicht gegen die scharfen Holzspäne abschirmte, kroch wie gelähmt vor Schmerz durch die bleihaltige Luft, durchbrach die Wand und taumelte auf die Planken des Piers.

Das Schußfeuer brach ab. Binder, nun bar jeder Dekkung, konnte sich nur auf die Planken kauern, während er zu seinen Verfolgern starrte. Chang legte einen letzten Pfeil ein und schoß. Der Pfeil bohrte sich in Doug Binders Rücken, und die vierzackige Spitze drang aus seiner Brust wieder heraus und spießte die Halskette mit der doppelten Militärhundemarke auf. Zuletzt hatte ihn das Glück doch im Stich gelassen. Binder zwinkerte einmal und sank, als sein Herz mitten im Schlag stehenblieb, zu Boden.

Fouchon verdrängte seinen Ärger; nun war er ganz der zuvorkommende Gastgeber. Er zog eine elegante Silberflasche aus der Tasche seiner Jacke, öffnete sie und reichte sie seinem Gast.

»Brandy, Mister Chang?«

»Vielen Dank, Mister Fouchon.« Chang nahm die Flasche und trank gierig, dann wischte er sich mit der Hand über den Mund. »Gar kein so schlechter Schuß, meinen Sie nicht auch?« sagte er mit einem leichten Grinsen, wie um sich selbst zu beglückwünschen.

»Nein... nicht schlecht«, pflichtete Fouchon bei. Binder war eines gewaltsamen Todes gestorben, und Mr. Chang würde nie erfahren, wie knapp er einem ähnlichen Schicksal entronnen war.

Zweites Kapitel

Chance Boudreaux watete durch das brusttiefe, trübe Wasser des Sumpfes, während er sich langsam einen Weg durch den mit Wurzeln und Blättern der hohen, uralten Zypressen verstopften Kanal bahnte. Hinter sich zog er eine Piroge, eines der roh zugehauenen, von Hand gefertigten Kanus auf den Bayous von Louisiana.

Das Wasser war warm und schlierig und so grün wie das Spanische Moos, das von den knorrigen alten Bäumen hing, die das bröcklige Ufer des Wasserlaufes säumten. Es war kein schöner Flecken Erde, und das Wasser sah aus wie verflüssigte Boshaftigkeit – keiner konnte sagen, was für schwimmende Monster in den modrigen Tiefen des

Sumpfes hausten. Doch Chance Boudreax wirkte ungerührt. Er war im Land der Bayous geboren und großgeworden. Durch den trüben Sumpf zu waten war für ihn nicht ungewöhnlicher als für einen Stadtbewohner ein Spaziergang durch den Park.

Boudreaux war Mitte Zwanzig, hübsch und dunkelhaarig, gut gebaut, aber kein Kraftprotz. In seinen Augen lag ein gewisser Ausdruck, der verriet, daß in seinem Leben vor allem drei Dinge eine Rolle spielten: Muskeln, Mumm und Glück. Die ersten beiden standen stets reichlich zur Verfügung, letzteres hatte sich in jüngster Zeit etwas rar gemacht.

Der am Ufer stehende alte Mann, der Chance mit abwesendem Ausdruck auf dem zerfurchten Gesicht beobachtete, war Douvee Hebert. Er war ein zaundünner alter Mann, in dessen langen Armen eine riesige, altertümliche doppelläufige Schrotflinte ruhte. Es hieß, in den Sümpfen seien die Alligatoren die Herren der Schöpfung – doch Douvee war der umstrittene König.

Er sah Chance einen Augenblick lang zu, dann lachte er. »Wußtest du«, sagte er, »daß Gott die Piroge unter anderem aus dem Grund erfunden hat, damit die Cajuns drin *fahren* können?« Wenn Douvee den Mund aufmachte, erklang der schwere Akzent der Cajuns, der französischstämmigen Bewohner von Louisiana.

Chance lachte. Es störte ihn nicht, wenn ihn der alte Mann veräppelte – Boudreaux und Douvee kannten einander schon seit Chances frühester Kindheit.

»Sperr du einfach die Augen nach Gators auf, Douvee.

Ich brauch nicht noch mehr Aufregung, als ich schon habe.«

»Is nicht genug Fleisch an deinen armen Knochen für 'ne Mahlzeit von 'nem Gator«, sagte Douvee.

»Appetithappen zu sein ist genauso schmerzhaft wie der Hauptgang«, antwortete Boudreaux.

Er beugte sich vor, bis sein Kopf fast im Wasser verschwand, während er mit den Händen in den morastigen Untiefen unter dem Geflecht der Zypressenwurzeln herumtastete. Ein Fremder hätte es vom bloßen Zusehen, wie er in der Brühe herumwühlte, mit der Angst zu tun bekommen – keiner konnte sagen, was in der schleimigen Tiefe alles lauerte.

»Jawoll...«, sagte Chance plötzlich. Er hatte etwas in der Hand, etwas, das er in Griff zu bekommen versuchte. »Ich hoffe, du paßt jetzt auf, Douvee. Ich mach das nämlich für dich...«

Douvee gackelte. »Für mich? Wenn du 'ne Schnappschildkröte zu fassen kriegst, krieg ich eine Tanzstunde für mich geboten.«

»Diesmal ist es keine Schildkröte«, sagte Chance. Seine Hand kam aus dem Wasser. Er hielt einen wunderschönen Blauwels hinter den Kiemen gepackt, einen Riesen, der mindestens fünfundzwanzig Pfund wiegen mußte. Er warf ihn in das Boot, wo er sich zappelnd und zuckend zu den weiteren etwa siebzig Pfund Fischen gesellte, die Chance an diesem Morgen bereits gefangen hatte.

Douvee schaute zu den Fischen im Boot und dann zu Chance, den er mit einem scharfen Blick festnagelte. Er hatte es ihn schon früher machen sehen – und es hieß immer dasselbe.

»Du fährst wieder zur See, nicht wahr?« fragte er, als Chance das morastige Ufer hochkletterte.

»Woher willst du das wissen?«

Douvee ergriff die Leine, mit der Chance die Piroge geschleppt hatte, und zog das Boot ans Ufer. »Ich weiß es, weil, wie du das letzte Mal ausgelaufen bist, hast du fünfundzwanzig Pfund Regenbogenforellen gefangen...«

Boudreaux wußte, daß der alte Mann nicht weiter aus sich herausgehen würde, um ihn wissen zu lassen, daß Chance ihm fehlen und er sich Sorgen machen würde, egal wo er auch hinging. Es war schwer, Douvee Hebert zu erklären, daß es jenseits des Bayou auch noch eine andere Welt gab, die Chance von Zeit zu Zeit gern mal besuchte. Stets besorgte er für den alten Mann vorher noch etwas zu essen, weil der sich sonst von Schwarzgebranntem und Kautabak ernähren würde – obwohl Chance zugeben mußte, daß ihm die Kur noch nie geschadet und Douvee die Siebzig sowieso längst hinter sich hatte.

»Don Erskine hat mir einen Brief geschrieben«, sagte Chance. »Er sagt, daß sie in New Orleans ein paar neue Crews zusammenbasteln. Er sagt, wenn ich zurückkomme, setzt mich die Reederei wieder ein – mein Patent ist noch nicht abgelaufen, und da hab ich mir gedacht, warum nicht?«

Douvee nickte vor sich hin. »Wann gehst du?«

»Morgen, Douvee«, sagte Chance. »Ich wollte es dir heute nach dem Abendessen sagen.«

Douvee fischte eine verbeulte alte Flasche aus seiner Jacke und lächelte Chance zu, während er sie aufschraubte. »Tja, ich nehm an, dann sollten wir sozusagen auf 'ne Bon Voyage anstoßen.«

Douvee setzte die Flasche an den Mund, warf den Kopf zurück und nahm einen tiefen Schluck, daß sein Adamsapfel auf und ab hüpfte. Er trank die Flasche fast bis zur Hälfte aus, bevor er sie wieder absetzte.

»Junge, das is'n guter Stoff. Bedien dich, Chance.«

Chance nahm die Flasche widerwillig. Douvees selbstgemachter Schwarzgebrannter war in dieser Gegend weit und breit berühmt für seine Verbindung aus hochprozentigem Alkohol und bemerkenswert schlechtem Geschmack. So ähnlich, stellte sich Chance vor, mußte es sein, wenn man Benzin trank. Er kippte gerade soviel, daß es nicht unhöflich wirkte, aber schon von zwei, drei Tropfen brannte ihm die Kehle, quollen ihm die Augen aus den Höhlen und trat ihm der Schweiß auf die Stirn.

»Oh... Gott«, stieß Chance keuchend hervor.

Douvee klatschte ihm auf den Rücken und kicherte vergnügt vor sich hin. »Guuut, eh!«

»Yeah... großartig.« Hustend versuchte Chance die Wirkung des Feuerwassers in seinem Hals zu lindern.

»Soll ich dir ein Geheimnis verraten? Du darfst es nicht zu lang im Faß lassen. Die Suppe – die hab ich erst *gestern* gemacht.«

Chance wischte sich über Augen und Stirn. »Jetzt kenn ich das Geheimnis. Meinst du, du kannst mir auch das Gegengift verraten?«

Drittes Kapitel

Natasha Binder war nicht gerade scharf auf New Orleans, doch sie hatte das Gefühl, eine Pflicht erfüllen zu müssen. Sie war gekommen, um ihren Vater zu suchen.

In die Stadt zu gelangen war schon einigermaßen schwierig gewesen. Die Anfahrt aus dem Norden Michigans war lang und anstrengend gewesen, und fast den ganzen gestrigen Tag lang war sie im schwülen Sumpfland herumgeirrt. Es war bereits spätabends gewesen, als sie endlich in die Stadt gefunden hatte. So spät war Natasha gekommen, daß sie nicht noch in derselben Nacht Verbindung zu ihrem Vater hatte aufnehmen können. Doch sie war im ersten Morgengrauen auf den Beinen und suchte in dem Labyrinth der engen Straßen von New Orleans nach der letzten bekannten Anschrift, die sie von ihrem Vater hatte.

Hier, in Höhe der 1900er Hausnummern an der St. Claude Street, mußte einst eine ziemlich wohlhabende Gegend gewesen sein. Die Kopfsteinpflasterstraßen wurden zu beiden Seiten von baufälligen Häusern gesäumt, denen man noch ansehen konnte, daß sie einst solide, elegante Eigenheime gewesen waren. Parterre hatten sich heruntergekommene Bars, Strip-Clubs oder Läden eingenistet, die auf billige Souvenirs oder anderen Touristenramsch spezialisiert waren. Die einstmals großen Räume in den Obergeschossen der alten Häuser waren ein ums andere Mal unterteilt worden und beherbergten nun billige Pensionen und Stundenhotels mit so vielen Zimmern wie möglich.

Wachsam und unsicher um sich blickend, stieg Natasha Binder die Treppe zur Galerie an einem der Gebäude hinauf. Es sah nicht gerade nach einer Unterkunft aus, wo sie ihren Vater zu finden hoffte. Sie wußte nicht einmal genau, ob sie die richtige Adresse hatte – an der Haustür waren lediglich zwei Nummern, daneben verblichen und staubverkrustet die Umrisse, wo sich einst weitere befunden hatten.

Die Klingel war kaputt, daher klopfte sie kräftig an die Tür und wartete. Die ältere Frau, die schließlich öffnete, war groß, kräftig und zwinkerte wissend mit den Augen. Sie sprach mit gedehntem Südstaatenakzent.

»Kann ich Ihnen helfen?«

»Tut mir leid«, sagte Nat. »Ich muß die falsche Adresse haben. Ist das hier St. Claude Street Nummer 1954?«

Marie kniete sich auf den rissigen Boden der Galerie und fischte eine bronzene Hausnummer aus dem Staub. »Die Adresse ist schon richtig, Schätzchen. Aber bloß, wenn die verfluchten Nummern an der Tür bleiben.«

Natasha war trotz der Bestätigung der Adresse nicht minder verwirrt. »Ich suche einen Mann namens Douglas Binder«, sagte sie. »Und das hier ist die letzte Anschrift, die ich von ihm habe.«

Langsam schüttelte die Frau den Kopf. »Doug?« sagte sie. »Schätzchen, der hat hier ein Zimmer gehabt, hat er aber nicht mehr. Der is schon lang fort.«

Nat wirkte noch verblüffter. »Sie meinen, er wohnt nicht hier?«

Marie verschränkte die Arme über der ausladenden Brust. »Doug hat mal hier gewohnt – aber er ist ausgezogen. Vor zirka drei, vier Monaten. Ich weiß es wirklich nicht mehr genau.«

Nat schüttelte den Kopf. »Aber das ist unmöglich«, versetzte sie. »Ich habe ihm geschrieben... Das ist erst drei Wochen her. Ich habe ihm an diese Adresse geschrieben. Da bin ich mir völlig sicher.«

»Tja, und ich bin mir genauso sicher, Schätzchen, daß Doug Binder seit drei Monaten raus is aus diesem Haus. Ab und zu kommt er noch vorbei und holt seine Post ab.«

Marie konnte sich nur schwer vorstellen, wer die junge Frau war. Sie war zu jung und zu hübsch, um eine Freundin vom armen alten Doug zu sein; für eine Polizistin, eine Sozialarbeiterin oder eine Bewährungshelferin war sie nicht energisch genug.

»Und Sie?« fragte sie argwöhnisch. »Was sind Sie? Sind Sie 'ne Freundin von Mister Binder?«

»Ich bin seine Tochter«, sagte Nat mit traurigem Unterton.

Sämtliches Mißtrauen, das Marie gehegt haben mochte, verschwand augenblicklich. »Seine Tochter? Doug hat nie was davon gesagt, daß er 'ne Tochter hat. Mir jedenfalls nicht.«

Nat zuckte mit den Achseln und wollte sich abwenden. »Nun, die bin ich aber«, sagte sie. »Vielen Dank...«

»He, wo wollen Sie hin? Warum haben Sie denn nicht

gleich von Anfang an gesagt, daß Sie Dougs Tochter sind? Kommen Sie rein, Schätzchen. Ich bring Ihnen 'ne Tasse Kaffee und 'n Stück Kuchen. Mögen Sie Pekannüsse?«

Nat zögerte einen Augenblick. Dann wurde ihr klar, daß sie sowieso nichts weiter unternehmen konnte. »Klar«, sagte sie. »Ich liebe Pekankuchen.«

Der Salon von Maries Pension war abgewohnt, düster und heruntergekommen, doch manche Einzelheiten deuteten noch auf die Eleganz früherer Zeiten hin. Der Stuck um die Fenster, die Einlegearbeit des Parkettbodens, kleine Hinweise, die an den verblaßten, längst vergangenen Glanz des alten New Orleans erinnerten.

Das Haus mochte schon bessere Zeiten erlebt haben, doch Maries Gastfreundschaft entsprang zweifellos der Tradition des alten Südens. Der Kaffee war schwarz und stark und schmeckte leicht nach Zichorie, und der Kuchen war köstlich.

Doch Nat interessierte sich mehr für den Verbleib ihres Vaters und wie Marie ihr bei der Suche nach ihm helfen konnte. »Können Sie mir etwas über meinen Vater erzählen?«

Marie lächelte warmherzig. »Doug war ein netter Mann. Er hatte *Manieren*. Nicht wie manch anderer in dem Teil von der Stadt.«

»Aber er hat Ihnen nicht gesagt, wohin er ziehen wollte? Wenn Sie mit ihm befreundet waren, ist das doch ein bißchen seltsam, nicht wahr?«

Langsam schüttelte Marie den Kopf und blickte Nat Binder mitleidig an. Das arme Mädchen kapierte einfach nicht, wie es hier unten aussah, wenn man aus dem Tritt geriet.

»Er hat mir nicht mal gesagt, daß er fortwollte, Schätzchen. Er schuldet mir sogar noch ein bißchen Miete.« Marie war nicht ärgerlich über Binders Verschwinden, und sie klang auch nicht danach. Es war einfach eine Tatsache.

Doch Nat war schockiert. Ihr Vater lebte nicht nur in einem Slum, er war auch noch ein elender Schnorrer.

»Ich kann es einfach nicht glauben!« sagte sie und stellte die Tasse auf den Tisch. »Ich bezahle natürlich alles, was er Ihnen schuldet.«

Langsam schüttelte Marie den Kopf. »Machen Sie sich darum mal keine Sorgen, Schätzchen.«

»Ich bestehe darauf!«

»Ich weiß, daß er mir das Geld gibt, sobald er wieder auf die Beine kommt. Wie gesagt, Doug hat Manieren. Der weiß schon, daß er das Richtige macht, wenn er die Gelegenheit dazu kriegt. Das is 'ne Ehrenschuld, so wie ich ihn kenne.«

»Wieder auf die Beine? Was meinen Sie damit?« Nat wirkte nun besorgt. »Hatte mein Vater einen Unfall oder so was ähnliches?«

Marie nickte. »Tja, 'n Unfall war's nicht – aber heutzutage seinen Job zu verlieren is fast genauso schlimm.«

»Er hat seinen Job verloren?«

»Drüben bei der Ölbohrzubehörfirma«, sagte Marie. »Haben Sie davon nichts gewußt?«

»Davon hat er mir nie ein Wort geschrieben«, sagte Nat ungläubig. »Warum bloß?«

»Bei 'nem Mann wie Doug Binder«, sagte Marie leise, »hat man's mit 'ner Masse Ehrgefühl zu tun. Sie wissen doch, wie der Mann war. Nie und nimmer hätt der seiner Tochter erzählt, daß er nicht auskommt. Eher wär er gestorben.«

»Ein denkbar dummer Grund zum Sterben«, sagte Nat bitter.

Marie stand auf und holte ein kleines Kästchen von der Garderobe herunter. Es war mit weichem Leder bezogen, und sie behandelte es wie ein rohes Ei, als sie es Nat überreichte.

»Als Doug ausgezogen is, hat er das hiergelassen.«

Nat klappte das Kästchen auf und bekam auf der Stelle feuchte Augen. In dem mit weißer Seide ausgeschlagenen Kästchen ruhten die Orden, die ihr Vater in Vietnam errungen hatte, Auszeichnungen für Tapferkeit im Felde.

»Die haben ihm soviel bedeutet«, sagte sie leise.

Sie betastete das Navy Cross, die höchste Tapferkeitsauszeichnung der Marineinfanterie, von der Congressional Medal of Honor einmal abgesehen. Daneben lagen zweimal das Distinguished Service Cross und die rotgelben In-Country-Streifen. Nat drehte das Purple Heart ihres Vaters um und strich mit dem Daumen über die Inschrift auf der Rückseite: Für militärische Verdienste. Ihre Hände zitterten, als sie die Orden hielt, die größten Kostbarkeiten, die ihr Vater je besessen hatte. Beinahe konnte sie in diesen kleinen Gegenständen aus Stoff und Metall seine Gegenwart spüren.

»Er hat mir gesagt, ich soll sie verkaufen und damit seinen Mietrückstand begleichen«, sagte Marie bekümmert. »Drüben in Metaire hat mir ein Mann gesagt, daß der Blaue hier –«, sie tippte auf das Navy Cross, »– daß der allein an die tausend Dollar wert is... Aber ich hab's einfach nicht über mich gebracht, sie zu verkaufen.«

Nat klappte das Kästchen zu und reichte es wieder Marie. Die alte Frau wollte es nicht nehmen. »Er hat mir keine tausend Dollar geschuldet, Schätzchen. Geben Sie's Ihrem Vater zurück. Sie können ihm sagen, wir wär'n jetzt quitt.«

»Vielen Dank«, sagte Nat leise. Einen Augenblick lang kämpfte sie mit ihren Gefühlen, dann hatte sie sich wieder gefaßt. »Ich muß ihn finden. Haben Sie irgendeine Ahnung, wo er jetzt sein könnte?«

Marie sprach leise und mit besorgtem Ton. Sie sah Nat nicht in die Augen. »Sie könnten's vielleicht unten beim Hafen probieren.«

»Beim Hafen? Papa war aber kein Seemann.«

»Darum geht's auch nicht. So'n Hafen is das nicht, Schätzchen.«

Nat schüttelte verständnislos den Kopf. »Was ist es dann?«

»Gehn Sie hin und schaun sich's an. Es is besser, wenn Sie's selber rausfinden.« Marie seufzte tief auf. Sie wollte Nat nicht erklären, daß ihr Vater auf den »Hafen« angewiesen war. Der »Hafen« war eine Suppenküche für die Armen und Obdachlosen.

Viertes Kapitel

Nat war verwirrt angesichts der schäbigen Gegend, in der Maries Pension stand, unglücklich darüber, wie tief ihr Vater gesunken war. Doch verglichen mit der Gegend, in der sich der »Hafen« befand, wirkte die St. Claude Street geradezu hochklassig. In jedem Hauseingang lungerten Penner und Betrunkene, auf den schmutzigen Gehsteigen standen aufgebockte Schrottautos, die Häuser waren unbewohnt, viele ausgebrannt, und die Fenster waren zertrümmert oder zugenagelt.

Der »Hafen« lag offenbar an der Hauptstraße der Pennermeile. Es handelte sich um einen ordentlichen und gepflegten, von einem Orden unterhaltenen Laden, in dem täglich hundertfach Frühstück, Mittag- und Abendessen an den stetig wachsenden Zustrom von Bedürftigen in der Stadt ausgegeben wurde. Zwanzig bis dreißig Männer, Frauen und Kinder standen vor der Tür des Asyls an und warteten geduldig darauf, daß die Türen aufgingen und das Mittagessen serviert wurde.

Nat konnte den Anblick von soviel Abgerissenheit und Elend kaum ertragen; sie hatte Angst, ihr Vater könnte sich unter den Anwesenden befinden. Ein paar Männer starrten sie an, fragten sich offenbar, was eine so hübsche, gut gekleidete junge Frau in einem roten Cabrio in einer derart hoffnungslosen und höllischen Gegend suchte.

Schließlich sagte einer: »Von der Wohlfahrt, wett ich.«

Zustimmendes Schnauben ertönte. Jeder, der aussah, als führe er ein Leben oberhalb der Armutsgrenze, mußte beruflich einer karitativen Einrichtung angehören. Keiner sagte ein Wort, als Nat an die Spitze der Warteschlange ging und eintrat. Es war zu offensichtlich, daß sie nicht die Absicht hatte, ihnen ihr Essen streitig zu machen.

Die Suppenküche war ein großer, frisch getünchter, viereckiger Raum voller langer, metallbeschlagener Tische und Aluminiumbänke. An der hinteren Wand befand sich eine Reihe großer Kantinenherde, auf denen in großen Pötten das Essen für den heutigen Tag blubberte. Auf der Anrichte standen zwei dampfende Kaffeekannen, und eine Gruppe freiwilliger Helfer bereitete sich eilfertig auf den Ansturm der Hungrigen draußen vor der Tür vor.

Nat stand mitten in dem Raum, ohne daß ihr irgend jemand Aufmerksamkeit schenkte. Sie wußte, daß sie sich hier auf fremden Terrain befand, und blickte sich um, ob ihr jemand helfen könnte.

Der ihr nächste Mensch war ein Schwarzer mittleren Alters, der methodisch den Linoleumboden wischte. Er war breitschultrig, wirkte kräftig, und seine Muskeln drohten seinen eng sitzenden, fadenscheinigen Kampfanzug zu sprengen. Auf den Schultern seiner Kampfjacke befanden sich verblichene Abzeichen, die ihn als Veteran der Rangers, der Special Forces und der Fallschirmjägerschule der Army auswiesen. Über der Brusttasche war ein Namensschild angeheftet: Roper.

»Entschuldigen Sie«, sagte Nat. »Arbeiten Sie hier?«

»Ich eß hier«, sagte er freundlich.

»Ich suche jemanden... einen Mann. Man sagte mir, ich soll im Hafen nachfragen.«

Der Mann breitete die Arme aus, als wolle er den ganzen geschäftigen Raum umfassen. »Das is er. Willkommen im Hafen. Hungrig?«

Nat versuchte zu lächeln, so gut es ging. »Ich habe ein Bild hier. Bitte, werfen Sie einen Blick darauf...« Sie fummelte in ihrer Handtasche herum und zog einen zerknitterten alten Schnappschuß heraus, ein vor vielen Jahren aufgenommenes Schwarzweißfoto ihres Vaters. Er trug seine Marineuniform, und seine Brust war mit Orden und Feldabzeichen übersät. »Hier... Sein Name ist Doug Binder.«

Roper nahm das Bild und betrachtete es eingehend. »Marineinfanterie, wa?« Er tippte auf eines der Abzeichen auf Doug Binders Schulter. »Er war bei den Aufklärern. Ich hab selber gedient, müssen Sie wissen. Aber er hat mir nie erzählt, daß er bei den Glatzköppen war.«

Nats Herz tat einen Sprung. »Hat Ihnen erzählt...? Sie kennen ihn also?«

»Ich kenn ihn nicht wirklich. Hab 'n paarmal mit ihm geredet. Er kommt ab und zu hier vorbei – nicht regelmäßig, wirklich. Und 'n netter Knabe.« Er reichte ihr das Bild zurück. »Sind Sie von der Polizei oder von der Wohlfahrt?«

Nat schüttelte den Kopf. »Weder noch. Ich bin seine Tochter. Ich suche nach ihm. Ich bin Nat Binder.« Sie streckte die Hand aus. Roper ergriff sie und umschlang ihre winzige Hand mit seiner massigen Pranke.

»Elijah Roper, Miss. Freut mich, Sie kennenzulernen.«

»Haben Sie eine Ahnung, wo mein Vater sein könnte?«

Elijah Roper machte sich weiter ans Aufwischen. »Ne, ich fürcht, nicht. Aber wenn ich ihn nächstes Mal hier seh, sag ich ihm, daß Sie ihn suchen.«

»Warten Sie«, sagte Nat. »Wissen Sie nicht vielleicht, wo er *wohnt*?«

Roper hörte auf zu wischen und sah Nat mit leicht mitleidigem Blick an. Ihm war klar, daß Nat Binder, ein nettes Mädchen aus einer netten Gegend, keine Ahnung hatte, in welcher Welt ihr Vater jetzt lebte. Er wählte seine Worte vorsichtig, wollte die junge Frau langsam auf den Boden der Tatsachen zurückholen.

»Ich fürchte, Ihr Vater...«, begann Elijah bedächtig. »Ihr Vater war so wie wir andern, verstehen Sie? Hat draußen vor der Tür gelebt, wenn Sie verstehen, was ich damit sagen will.«

Die Erkenntnis brach über ihr zusammen wie ein kalter, fünf Meter hoher Brecher. Sie zwinkerte mehrmals hintereinander, als sei sie unfähig, sich ihren Vater auf der Straße vorzustellen, als einen der Obdachlosen, an denen sie jeden Tag vorbeiging und für die sie nicht mehr übrig hatte als ein wenig Kleingeld und einen mitleidigen Blick.

»Meinen Sie damit, mein Vater war ohne ein *Zuhause*?«

Elijah Roper lehnte sich freundlich lächelnd an seinen Besen. »Ein Zuhause hat jeder. Er hat bloß nichts gehabt, wo er über Nacht bleiben konnte. Gibt 'ne Menge Leute, die heutzutage im selben Boot hocken. So was passiert einfach, wissen Sie?«

Nat war noch immer wie gelähmt, und ihr Kopf dröhnte

von der eben erhaltenen Auskunft. »Wo steckt er jetzt? Wo könnte ich ihn finden? Ich weiß ja nicht einmal, wo ich anfangen könnte zu suchen.«

Nats Informant dachte einen Augenblick nach. Er wußte so gut wie gar nichts über Doug Binder – bis vor ein paar Minuten hatte er nicht einmal seinen Namen gekannt. Er erinnerte sich lediglich daran, daß er ab und zu vorbeikam, ganz umgänglich war, aber gern für sich blieb. Nie Ärger mit irgendwem bekam.

Binder holte seinen Teller Suppe ab und aß sie mit der unter den Obdachlosen üblichen Haltung – dem traurigen, trostlosen Gefühl, daß sie mit jedem Löffel Suppe das schluckten, was von ihrem angekratzten Stolz übriggeblieben war.

Manche – ein paar – dieser Männer und Frauen waren auf der Straße geboren und kannten kein anderes Leben; die meisten aber waren, wie Elijah Roper, in die Obdachlosigkeit abgesunken und hatten bessere Zeiten gesehen. Dieser kessen, gut gekleideten jungen Frau nach zu urteilen war dies offensichtlich auch bei Doug Binder der Fall.

»Sie können vielleicht im Park rumfragen. Das is bloß zwei Straßen von hier. Checken Sie den Park ab. Ich bin ziemlich sicher, daß er 'ne Karre hatte.«

Der »Park« war ein trostloser Flecken Gras mit verkümmerten Bäumen und ungepflegtem Gestrüpp, ein paar zusammengebrochenen Bänken und einem verlassenen Spielplatz ohne jede Kinder. Über dem ganzen jämmerlichen Schauplatz thronte die Statue eines längst vergessenen Bürgerkriegsgenerals, dessen Uniform über und über mit Graffiti besprüht war, so daß es aussah, als trage er einen irren, kunterbunten Gehrock, der in krassem Gegensatz zu seiner strengen militärischen Miene stand.

Die Menschen im Park strahlten die gleiche Trostlosigkeit wie die Umgebung aus. Ein paar ältere Knaben hatten die Bänke im Schatten in Beschlag genommen, doch den übrigen Park hielten obdachlose Männer besetzt, die in kleinen Gruppen hier und da herumlagen.

Nat nahm ihren ganzen Mut zusammen und ging zu einem abgerissenen, ungepflegten Mann hinüber, der auf einem Stück Pappkarton in der Nähe der Statue hockte. Sie zog das Bild ihres Vaters aus der Handtasche und zeigte es dem Mann.

»Entschuldigen Sie...«

Der Mann blickte verblüfft und mit irrem Gesichtsausdruck auf. Argwöhnisch betrachtete er das Bild. »Was'n das?«

»Ich frage mich, ob Sie den Mann vielleicht schon mal gesehen haben?« fragte Nat. Ihre Augen flehten ihn an.

Er schaute weg. »Nein«, murmelte er. Es war klar, daß der Mann nichts wußte und daß es ihm darüber hinaus auch egal war. »Laß mich in Frieden.«

Zitternd ging Nat weg. Sie brauchte ein paar Minuten, bevor sie frischen Mut gesammelt hatte, dann versuchte sie es wieder. Eine Stunde lang klapperte sie die gruppenweise zusammensitzenden Männer im Park ab, ohne etwas zu erfahren. Die meisten dieser mittellosen Gestalten behandelten sie genauso wie der erste – sie vermuteten, sie sei irgendein Behördenspitzel, entweder Polizistin oder berufsbedingte Wohltäterin – und verweigerten ihr jede Unterstützung. Ein oder zwei versuchten sie hinzuhalten, in der Hoffnung, sie könnten bei ihr ein bißchen Geld für etwas zu essen oder eine Flasche Fusel abstauben.

Letzten Endes erfuhr sie gar nichts, vom Schrecken des Obdachlosendaseins einmal abgesehen.

Das Utility Lunch war eine Grillbar unweit vom »Hafen« und dem tatsächlichen Hafen von New Orleans. Das Essen war nicht besonders, und der Laden war etwa so reizvoll wie das Innere einer Kühltruhe, aber es war billig, die Drinks waren nie verwässert, und im Fernseher lief ständig irgendein Sportereignis.

Die Kundschaft im Utility Lunch entsprach im großen und ganzen der Einrichtung. In den Sitzecken lungerten Betrunkene, und manche hatten den Kopf auf den Formicatischen liegen und schliefen mit weit aufgerissenem Mund. Die Bar war von einem Wall breiter Rücken umlagert, und obwohl es gerade mal Mittagszeit war, hockte jeder Mann vor einem Glas Korn oder Bourbon, daneben ein Bier zum Nachspülen.

In der Mehrzahl waren es Hafenarbeiter von den nahegelegenen Docks oder Maschinenführer aus Lagerhäusern entlang der Kais. Andere gingen weniger feinen Berufen etwas außerhalb der Legalität nach. Sie waren allesamt ausgebuffte Kunden – buchstäblich. Über der Bar hing ein matter alter Spiegel, und von Zeit zu Zeit blickten die Kunden hinein. Das Utility Lunch war ein Laden, in dem man besser aufpaßte, was hinter einem vorging.

Chance Boudreaux saß in der Nähe der Ausgabestelle für die Kellnerinnen am anderen Ende der Bar, wo er gerade die letzten Bissen seines Mittagessens vertilgte, einer kräftigen Portion Gumbo, worauf er den Teller mit einem Stück Brot auswischte. Er spülte mit einem letzten Schluck Kaffee aus seiner Tasse nach. Kaum hatte er die Tasse hingestellt, kam die einzige Kellnerin der Pinte, eine Rothaarige, die ebenso abgebrüht wirkte wie ihre Gäste, mit einer Kaffeekanne. Sie stand neben seinem Platz.

»Was machst du denn in der Stadt, Chance? Ich hab gedacht, du willst bei dem närrischen alten Kerl draußen am Bayou bleiben?«

»Man hört Gerüchte, daß sie im Gewerkschaftshaus ein paar neue Crews zusammenbasteln wollen. Ich will zusehen, daß ich ein Schiff kriege.«

»Willste etwa wieder arbeiten?«

»Ich hoffe doch.«

»Und sag, wie war das Gumbo, Chance?«

Chance wischte sich mit einer Papierserviette über den Mund. »Ruthie, das Gumbo war der wahre Jammer. Ein Anschlag auf die gute Küche von Louisiana.«

Ruthie lachte und griff nach seiner Kaffeetasse. »Und der Kaffee? Wie war der?«

»Sagen wir mal, akzeptabel.«

»Tja, umsonst ist er nicht«, sagte Ruthie.

Chance wühlte eine Handvoll Kleingeld aus seiner Hosentasche und knallte es auf den Tresen. Er zählte die Quarters und Dimes ab und blickte dann treuherzig zu Ruthie, die ihn mit gerunzelter Stirn musterte.

»Hoppla«, sagte er.

»Bißchen knapp bei Kasse, was?« fragte Ruthie. »Was is'n los? Die Brieftasche im Smoking vergessen, oder was?«

Chance grinste. »Ich glaub, das hatten wir schon mal, was?«

»Kurzes Gedächtnis. Das haste schon beim Gumbo probiert, Blödmann.«

»Ah. Richtig. Also Ruthie, ich muß sagen, du bist *spitze.*«

»Na klar.« Sie kippte die Kanne und goß die Tasse voll. »Mit 'nem bißchen Charme kommste in dieser Stadt ganz schön weit, Chance.«

»Recht hast du.«

»Ein guter Ratschlag bloß: übertreib's nicht.«

»An Ratschläge soll man sich halten, Ruthie.«

»Vergiß sie nicht.«

»Keine Sorge.« Doch Chance hatte kein Interesse mehr an dem Geplänkel. Im Spiegel über der Bar beobachtete er, was im Restaurant vorging, und war erstaunt, als er eine hübsche, gut gekleidete junge Frau in den Laden treten und eine der Sitznischen ansteuern sah.

Nat war nicht unbedingt der Typ Mensch, dem man normalerweise in einem schmuddeligen kleinen Schuppen wie dem Utility Lunch begegnete. Während sie sich auf das rissige Vinyl fläzte, wirkte sie wie die Verkörperung von Niedergeschlagenheit und Erschöpfung, und sie schien nicht wahrzunehmen, daß sie hier fehl am Platz war – egal, zu welcher Tageszeit.

Ruthie, die Kaffeekanne noch immer in der Hand, marschierte zu ihr hin. »Willste was essen, Schätzchen?«

Nat antwortete im ersten Moment nicht, sondern blickte um sich, als nehme sie die Kneipe erst jetzt wahr. »Nein... Nur eine Tasse Kaffee, bitte.«

Ruthie bedachte sie mit einem Achselzucken, als wolle sie sagen: »Wie belieben«, und goß ihr eine Tasse dampfenden Kaffee ein.

Chance musterte sie genau, während sie durch das schmutzige Fenster auf die noch schmutzigere Straße hinausstarrte. Was, fragte er sich, hat die denn hierher geführt? Und weshalb war sie so außer sich?

Sie wirkte nicht wie einer der abgehalfterten Vorstadtjunkies, die in die Slums kamen, um sich ihre Drogen zu besorgen, und eine Nutte war sie offensichtlich auch nicht. Einen Augenblick lang fragte er sich, ob sie vielleicht ein Polizeilockvogel war. Aber das ergab keinen Sinn – in dieser Gegend mußte man niemanden zu einem Verbrechen verleiten, und außerdem hatten die Cops diese Umgebung längst als hoffnungslos abgeschrieben.

Chance war nicht der einzige Gast des Utility Lunch, dem der Neuankömmling aufgefallen war. Ein paar Hokker weiter stierten zwei kleine Gauner sie an und stießen einander tuschelnd und flüsternd mit den Ellbogen in die Rippen.

Nat nahm nichts davon wahr. Sie hatte ihren Kaffee

kaum angerührt, als sie plötzlich aufstand und zur Kasse ging. Sie wühlte in ihrer Handtasche und holte ihren Geldbeutel heraus, ein Anblick, der die beiden Ganoven an der Bar noch mehr reizte als ihr gut gebauter Körper.

Nat legte einen Dollar vor die Kasse und ging, ohne auf das Wechselgeld zu warten, in Richtung Tür. Chance sah ihr nach und trank seinen Kaffee aus, als die beiden Kreaturen ebenfalls zahlten und sich hinter ihr aus dem Restaurant stahlen.

Draußen auf der Straße stellte Chance fest, daß Nat offenbar keine Ahnung hatte, daß ihr die beiden Ganoven zu ihrem Auto hinterherschlichen. Achselzuckend wollte er in die andere Richtung aufbrechen. Es ging ihn nichts an, und außerdem konnte er kurz vor dem Anheuern kein Messer zwischen den Rippen brauchen. Die Kapitäne mochten es gar nicht, wenn ihnen einer aus der Mannschaft ihr schönes, sauberes Schiff vollblutete. Kümmere dich ums Naheliegende, sagte er sich.

Dann blieb er stehen und drehte sich um. Die Frau war bei ihrem Auto angelangt und suchte in ihrer Handtasche nach den Schlüsseln. Die beiden Gauner standen ein paar Meter hinter ihr und warfen ihr Blicke zu wie ein Bauer, der seine Herde schätzt.

»Mist«, sagte Chance. Er schüttelte den Kopf über seine eigene Dummheit, ärgerte sich, daß er den Dingen nicht einfach ihren Lauf lassen konnte, daß er instinktiv das Bedürfnis hatte, sich anständig zu verhalten.

Nat hatte die Schlüssel in der Hand und die Tür ihres

Autos geöffnet, als sich eine der Kreaturen von hinten heranschlich und auf sie zutrat.

»Hallo, meine Hübsche«, sagte er. Seine Stimme triefte vor Lüsternheit.

Nat fuhr zu den beiden Gaunern herum. Dunkel erinnerte sie sich daran, was sie in dem Kurs zur Vorbeugung von Vergewaltigungen gelernt hatte, an dem sie vor zwei Jahren teilgenommen hatte.

»Laßt mich in Ruhe, verdammt noch mal!« brüllte sie. Doch ihr furchtsamer Blick stand im Gegensatz zu ihren tapferen Worten.

»Ho-ho«, sagte der eine. »Ein kleiner Trotzkopf.«

Sein Kumpan zog ein Messer aus der Tasche und ließ es aufschnappen. Er hielt die Klinge locker in der Hand und fuchtelte damit nach Nats Kinn.

»Wetten, daß du 'n Geldbeutel in der hübschen kleinen Handtasche hast? Den wollen wir...«

»Und die Autoschlüssel«, sagte der andere.

»Und vielleicht noch 'n bißchen was extra«, sagte der Typ mit dem Messer und stierte auf Nats Brüste.

»Yeah. Vielleicht fahrn wir alle drei irgendwo hin und feiern 'ne kleine Fete.«

Nat konnte buchstäblich spüren, wie ihr das Blut in den Adern gefror. »Nehmt alles, was ihr wollt...« Mit trokkener Kehle preßte sie die Worte hervor. »Aber tut mir nichts.«

»Ach, Schätzchen, wir tun dir schon nichts. *Gefallen* wird's dir, was wir uns für dich ausgedacht haben.«

»Na«, ertönte eine Stimme hinter ihnen. »Wie geht's

uns denn heute so?« Chances Tonfall war hell und freundlich, als sei er mitten auf der Hauptstraße einer Kleinstadt zwei alten Kumpeln über den Weg gelaufen.

Der Typ mit dem Messer drehte sich um und musterte Chance von oben bis unten. Er hatte nicht die geringste Angst vor ihm – und das war schade, denn er würde gleich erfahren, daß ihm helle Panik besser zu Gesicht gestanden hätte.

»Tu dir einen Gefallen, Junge, und hau ab von hier«, knurrte er drohend. »Damit haste nichts zu schaffen.«

Chance zuckte mit den Achseln. »Nein«, sagte er gelassen. »Ihr habt recht. Damit hab ich wahrscheinlich überhaupt nichts zu schaffen.«

»Dann verpiß dich.«

Nat war erstarrt, stand da wie angewurzelt und betete darum, der gelassen wirkende Fremde möge sie aus dieser furchtbaren Situation befreien. Noch nie in ihrem Leben hatte sie solche Angst gehabt, hatte sie sich so hoffnungslos ausgeliefert gefühlt. Sie verfluchte sich insgeheim dafür, daß sie so dumm gewesen war und sich in diese Klemme gebracht hatte, daß sie nicht wachsamer gewesen war. Sie war sich nicht einmal bewußt, daß sie so heftig auf ihre Lippe biß, daß sie blutete.

»Kann ich nicht«, sagte Chance. »Aber ich glaube, jetzt tu ich euch einen Gefallen.«

»Meinste, wa?«

»Jawoll. Du steckst jetzt deinen alten Schweinshobel wieder ein, und dann nimmst du deinen Freund und schnappst dir mit ihm 'nen Bus. Kapiert?«

»Ah, ich kapiere ... Ein Spaßvogel.« Die beiden Gauner tauschten ein Grinsen aus, dann ging der eine mit dem Messer auf Chance los, daß die Klinge durch die Luft zischte.

Chance unterlief den Stoß, bekam den Arm des Gauners zu fassen, setzte den Hebel an und drückte den Ellbogen nach hinten. Jeder – bis auf Chance – zuckte zusammen, als der Knochen brach.

»Himmelherrgott! Mein Arm!«

Das Messer entglitt der Hand, und Chance drückte das Gesicht des Mannes nach unten, auf sein Knie zu, das er gleichzeitig nach oben riß. Chance rammte dem Gauner das Knie ins Gesicht, schlug ihm die Nase platt und schleuderte ihn blutend und vor Schmerz zusammengekrümmt von sich.

Der andere hatte kaum eine Sekunde Zeit zu reagieren. Chances Ellbogen erwischte ihn mit voller Wucht am Hals, so daß er über die Motorhaube des Autos geschleudert wurde. Heftig schlug er auf dem Boden auf und knallte mit dem Kopf an die Gehsteigkante.

Beide Männer waren wie gelähmt, aber immerhin noch so beweglich, daß sie aufsprangen und schleunigst davonrannten, bevor sie sich noch mehr Schmerzen einhandelten. Keiner von ihnen riskierte einen Blick zurück. Sie wußten genau, daß Chance keine Sekunde zögern und sie noch einmal verprügeln würde, wenn sich ihm die Gelegenheit dazu bot.

Nat konnte nur zwinkern. Der Kampf – eigentlich eher ein Gemetzel – hatte nur ein paar Sekunden gedauert.

Chance kickte das Messer in einen Gulli und wandte sich dann an Nat, die ihn weiter anstarrte. Sie war blaß, zitterte und stand noch unter Schock. Noch nie in ihrem Leben war sie so kurz davor gewesen, einem Gewaltverbrechen zum Opfer zu fallen.

»Sie bluten ja«, sagte Chance.

Nat hob die Hand zum Mund und betastete die Stelle, aus der ein kleiner Blutstropfen quoll.

»Nichts Ernsthaftes«, sagte er aufmunternd. »Sieht aus, als hätten Sie sich auf die Lippe gebissen.«

Er griff in die Gesäßtasche seiner Hose und zog ein Taschentuch heraus. Er musterte es, kam zu dem Entschluß, daß es viel zu schmutzig war, und stopfte es wieder zurück. Widerstandslos ließ sie sich von ihm die Handtasche abnehmen, und er wühlte darin herum.

»Wird schon wieder«, sagte er. »Sie sind bloß ein bißchen durcheinander. Hauen Sie einfach von hier ab, so schnell Sie können.«

Er fand ein Papiertaschentuch und tupfte sanft und vorsichtig, um sie nicht unnötig zu erschrecken, das Blut von Nats Lippen.

»Wissen Sie«, sagte er lächelnd, »es ist eine Schande. Das hier war mal so ein *schöner* Stadtteil.«

Mit diesen Worten reichte er Nat die Handtasche, machte auf dem Absatz kehrt und ging davon.

Fünftes Kapitel

Es war nicht unbedingt ein Polizeistreik – laut Bundesgesetz haben Polizisten Streikverbot –, doch vor dem Polizeipräsidium standen Polizisten als eine Art Streikposten. Aufgrund der Behinderung, der Blaumeldungen oder wie immer es die Bonzen der Polizeigewerkschaft auch bezeichnen mochten, waren auf den Straßen von New Orleans weniger Polizisten unterwegs als üblich.

Mühsam mußte sich Nat einen Weg durch die Cops bahnen, die draußen standen und den Zugang zu dem Polizeigebäude versperrten. Manche trugen Uniform, andere waren in Zivil, doch alle wirkten aufgebracht, stimmten Sprechchöre an und schwenkten Plakate.

»Der Stadtrat ist ungerecht!« brüllte ein Cop, der Nat den Weg ins Revier versperrte.

»Mehr Geld für Polizei!« grölte ein anderer.

Drinnen ging es noch chaotischer zu als draußen auf dem Gehsteig. Die wenigen Polizisten, die zum Dienst angetreten waren, mußten die drei- bis vierfache Arbeit erledigen. Überall klingelten Telefone, ohne daß sich jemand darum kümmerte, und der Diensthabende konnte den Ansturm kaum bewältigen. Schreibmaschinen ratterten wie Maschinengewehrfeuer. Der Sergeant an der Aufnahme schenkte Nat so gut wie keine Beachtung, sondern schickte sie sofort zur Kriminalabteilung.

An diesem Tag waren nicht viele Detectives zum Dienst

angetreten, so daß sich das Durcheinander im Mannschaftsraum in Grenzen hielt. Detective Carmine Mitchel war eine hübsche, wenn auch von den Schrecken ihres gnadenlos bedrückenden Berufes zermürbte Frau. Sie saß an ihrem zerschrammten Schreibtisch und brütete über einem Stapel Akten, machte sich ab und zu eine Notiz und zog an einer filterlosen Zigarette, als sei der Rauch ihr täglich Brot, so nahrhaft wie richtiges Essen.

»Entschuldigen Sie«, sagte Nat zaghaft. »Der Sergeant sagte mir, ich könnte bei Ihnen eine Vermißtenmeldung aufgeben.« Sie sprach, als handle es sich bei ihrem Anliegen um eine Zumutung und nicht um etwas, das zu Detective Mitchels alltäglichen Pflichten gehörte.

Carmine blickte auf und blinzelte Nat durch den Qualm hindurch an. Sie wirkte nicht gerade erfreut über das, was sie vor sich sah.

»Nein, nein, nein«, sagte sie kopfschüttelnd. »Ich glaube, Sie haben ihn falsch verstanden. *Ich* glaube, er wollte Ihnen erklären, daß ich grade eine Doppelschicht abgespult habe.« Sie zuckte mit den Achseln. »Warum belästigen Sie mich nicht einfach morgen damit, okay?«

Nat hatte den ganzen Tag in der Höhle des Löwen zugebracht, auf der Straße unter Obdachlosen und Irren. Sie war von Gaunern überfallen worden und hatte es satt, sich herumschubsen zu lassen. Und nun weigerte sich eine Polizistin, ihrer Pflicht nachzukommen. Ein Blick auf Nat, und Carmine Mitchel begriff, daß sie an diesem Tag noch eine offizielle Handlung erledigen mußte, ob sie es wollte oder nicht.

»Okay, okay, warum belästigen Sie mich nicht gleich jetzt?« Sie zog eine Schreibtischschublade auf und wühlte in einem Durcheinander von Papieren herum, bis sie auf ein leeres Formular für eine Vermißtenmeldung stieß.

»Vielen Dank«, sagte Nat.

»Nicht der Rede wert«, grummelte die Kriminalpolizistin. Carmine Mitchel drückte ihre Zigarette in einem überquellenden Aschenbecher aus und spannte den Vordruck in die Walze ihrer verbeulten alten Underwood-Schreibmaschine.

»Okay. Wie lautet der Name der vermißten Person?«

»Douglas Charles Binder.«

Mitchel tippte schnell. Offenbar wollte sie es so schnell wie möglich hinter sich bringen. »Verhältnis der meldenden Partei?«

»Der was?«

»Das sind Sie, Schätzchen. Die meldende Partei. Wie stehen Sie zu ihm? Sind Sie seine Schwester? Die Mutter? Die Freundin?«

»Die Tochter.«

»Gut. Jetzt sind wir doch schon weiter. Besitzen Sie ein Bild von Ihrem Vater?«

Nat reichte ihr das zerknitterte Foto ihres Vaters in der Uniform der Marineinfanterie.

»Das sieht ja aus, als wär's hundert Jahre alt, Schätzchen.«

»Es wurde 1968 aufgenommen.«

»Haben Sie nicht irgendwas *Neueres*?«

»Nein... ich meine, ich habe noch andere Bilder, aber

die sind alle genauso alt. Meine Eltern haben sich vor zwanzig Jahren scheiden lassen.«

Carmine legte das Foto hin und lehnte sich in ihrem Drehstuhl zurück. »Und woher das plötzliche Interesse?«

Nat ging augenblicklich in die Defensive, als unterstelle ihr die Kriminalpolizistin irgendwie, daß *sie* etwas mit dem Verschwinden ihres Vaters zu tun habe, als habe sie etwas zu verbergen oder gar selbst ein Verbrechen begangen. Nat war entrüstet.

»Weil er *verschwunden* ist«, sagte Nat gereizt.

Carmine starrte sie längere Zeit an, als könne sie Nats Geschichte einfach dadurch überprüfen, daß sie sie anschaute. Dann beugte sie sich vor, betrachtete das Foto und tippte eine Beschreibung des verschwundenen Doug Binder auf das Formular.

»Verschwunden, richtig«, murmelte sie. »Haben Sie auch eine Adresse von Ihrem Vater?«

Es dauerte einen Augenblick, bis Nat die Worte laut aussprechen konnte. »Ich glaube, mein Vater war... äh... er war obdachlos, meine ich. Ich wußte es selbst nicht, bevor ich hierher kam und ihn besuchen wollte.«

Carmine zündete sich eine neue Zigarette an und stieß den Rauch aus. »Hören Sie, ich bin nicht sicher, was Sie von mir erwarten.«

Nat blickte erst zu der Kriminalpolizistin, dann zu dem halb ausgefüllten Formular in der Schreibmaschine.

»Ich möchte, daß Sie meine Meldung entgegennehmen«, sagte Nat. Sie spürte, wie sich der Ärger immer mehr in ihr anstaute.

»Tja«, sagte Carmine geduldig. »Ganz allgemein gesehen braucht man, wenn jemand verschwunden ist, einen Ort, *von dem* er verschwunden ist. Kapiert, Schätzchen?«

Nat griff wütend nach dem Foto und stopfte es in ihre Handtasche. Dann wandte sie sich zur Tür.

»Wenn es Ihnen zuviel Mühe macht, Ihre Pflicht zu tun, werde ich mir jemanden suchen, der weniger *beschäftigt* ist.«

Lächelnd drückte Carmine ihre Zigarette aus. Hinter ihrem harten Äußeren verbarg sich ein Mensch, der sich wirklich um die Belange der kleinen Leute kümmerte. Ob man es glaubte oder nicht.

»*Beschäftigt?* Ich will Ihnen die ganze häßliche Wahrheit sagen. Sie wollen, daß ich die Meldung fertig tippe? Kein Problem. Ich mach sie fertig. Aber wissen Sie auch, wohin sie von hier aus geht?«

»Nein, wohin denn?«

»Nirgendwohin, das ist es ja. Da draußen werden Menschen umgebracht, und die Akte bleibt einfach offen. Manchmal schnappen wir den bösen Buben, meistens aber nicht. Schätzchen, diese Stadt ist außer Rand und Band, und wir haben keine Zeit, wir haben kein Geld, und wir haben nicht das Personal, um den Vermißtenmeldungen nachzugehen. Tut mir leid, aber das ist die reine verdammte Wahrheit.«

Nat wischte sich mit der Hand über das Gesicht. »Und was soll ich dann tun? Ich muß ihn finden. Er ist mein *Vater.* Ich kann ihn nicht einfach *vergessen.*«

»Wenn Sie Ihren Vater finden wollen, dann klappern

Sie die Missionen ab. Fragen Sie in den Asylen herum. Aber besorgen Sie sich jemanden, der sich in der Stadt auskennt und Sie herumführt.«

»Ich kann schon selbst auf mich aufpassen«, versetzte Nat.

»Nein, da drunten können Sie's eben nicht. Besorgen Sie sich jemanden, der Ihnen weiterhilft.« Carmine Mitchel stieß eine Qualmwolke aus. »Denn wenn Sie's nicht tun, werd ich eines Tages eins von den Dingern hier für *Sie* ausfüllen. Und wir wissen beide, was danach passiert. Verstehen Sie mich, Schätzchen?«

Nat nickte. »*Vielen* Dank für Ihre Hilfe«, sagte sie, immer noch stinksauer.

Die Kriminalpolizistin wandte sich wieder ihrer Schreibarbeit zu. »He, nicht der Rede wert.«

Carmine Mitchel hatte gesagt, sie wolle Nat ein paar häßliche Wahrheiten beibringen. Nun konnte sie die Ansammlung von Widerwärtigkeiten, die sie heute bereits zusammengetragen hatte, um ein paar neue und häßliche Tatsachen ergänzen.

Sechstes Kapitel

Mehr als zwei Dutzend Männer, alle voller Hoffnung auf einen neuen Job, versammelten sich am nächsten Morgen an der Heuerstelle des Hafengeländes, wo sie im Morgennebel vor einem Wohnwagen standen, an dem der stolze Name der Maritime Seaman's Union prangte, der Seemannsgewerkschaft. Chance stand schweigend und in sich versunken abseits der Menschentraube und dachte nach.

Einen Job auf einem guten Handelsschiff zu bekommen war nicht leicht, doch es war den Versuch und das Frühaufstehen wert. Die Heuer war hoch, die Arbeit nicht allzu schwer, und auf einer einzigen Fahrt entlang der Westküste von Südamerika konnte ein Mann soviel Geld verdienen, daß er seine Familie ein Jahr lang ernähren und einkleiden konnte.

Es gab natürlich ein oder zwei Haken. Man mußte bei der Handelsmarinegewerkschaft sein, und das Patent, auch »Ticket« genannt, mußte so alt sein, daß man jüngere Bewerber ausstechen konnte. Es gab nur wenige Gewerkschaftsjobs – Gewerkschaftsjobs brachten Geld –, und hier hatten sich weitaus mehr Männer eingefunden, als offene Stellen vorhanden waren. Jeder einzelne wußte, daß er auf Kosten eines anderen Gewerkschaftsmitgliedes triumphieren würde, wenn er den Job bekam.

Trotzdem, Job war Job.

Nach etlichen Minuten ging die Tür des Wohnwagens auf, und ein Vertrauensmann, ein Klemmbrett in der Hand, tauchte auf. Die Spannung unter den Männern stieg. Sie umlagerten ihn, reckten die Hälse, um einen Blick auf die Namen auf der Liste zu erhaschen.

»Alles klar«, rief er. »Hört zu. Wir haben heute morgen zwölf Stellen zu vergeben. VM und aufwärts.«

Die Menge stöhnte auf. VM – Vollmatrose – war der niedrigste Rang bei der Handelsmarine, der Malocherjob in der Hierarchie der Seeleute, aber trotzdem gut bezahlt, und die Mehrzahl der Männer war genau dafür qualifiziert. Wenn ein paar VM, aber etliche höhere Ränge gesucht wurden, so hieß das, daß nicht allzu viele von ihnen auf einen Job hoffen durften.

»Okay«, sagte der Vertrauensmann. »Wenn ich einen Namen aufrufe, geht der Betreffende ins Büro, zeigt seine Papiere und kriegt sein Schiff zugewiesen. Gombas, Luigi, Vollmatrose...«

»Jawoll«, sagte einer der in Chances Nähe stehenden Männer. Er drängte sich durch die Tür des Wohnwagens. Chance war gespannt. Auch er nahm an der Lotterie um die Vollmatrosenstellen teil – und nun war einer der Posten weg.

»Slay, Robert, Dritter Maat. Leslie, Francis Robert, Öler...«

Chance spürte, wie ihm jemand auf die Schulter tippte. Er drehte sich etwas zur Seite, erblickte Nat, ohne sie richtig wahrzunehmen, wandte sich dann wieder dem Vertrauensmann zu und musterte sein Gesicht.

»Im Utility sagte man mir, daß Sie eventuell hier unten sein könnten. Ich hoffe, es stört Sie nicht...«

Chance zuckte andeutungsweise mit den Achseln.

»Äh...«, sagte Nat. Sie war nicht sicher, was sie als nächstes sagen sollte. Aber irgendwie hatte sie das Gefühl, daß es etwas Überzeugendes sein mußte. Dieser Mann, der sie gerettet hatte, war der einzige Mensch, den sie in New Orleans kannte – und sie brauchte seine Hilfe unbedingt. »Ich möchte mit Ihnen reden. Wenn Sie einen Augenblick Zeit haben.«

Chance konzentrierte sich weiter auf die Stellenausrufe. »Ich glaube, das ist jetzt nicht ganz der richtige Zeitpunkt«, murmelte er.

»Warum nicht?« fragte Nat.

Für Chance war die Antwort auf diese Frage offensichtlich. Doch er antwortete ihr trotzdem höflich und geduldig.

»Weil ich«, sagte er, »bereits jemand anderem zuhöre.«

»Winslow, Byron«, rief der Vertrauensmann. »Vollmatrose.«

Chance ballte die Fäuste. Wieder eine Stelle weg. Wie viele mochte es noch geben?

Allmählich dämmerte Nat, daß ihr Retter hier war, weil er einen Job brauchte – und sie konnte ihm einen erstklassigen bieten. Augenblicklich fühlte sie sich besser.

»Hätten Sie Lust, für mich zu arbeiten?«

Chance beachtete sie kaum.

»Ich zahle Ihnen...« Wieviel? Bislang hatte sie noch keinen Gedanken auf diese Frage verschwendet. Sie war nicht gerade reich, aber sie brauchte ihn. »Wie wär's mit hundert Dollar am Tag?«

Damit hatte sie Chances Aufmerksamkeit. »Hundert pro Tag«, sagte er schroff. Niemand zahlte einem soviel Geld für Rasenmähen oder andere untergeordnete Hausarbeiten. »Hundert pro Tag für *was*?«

»Ist das bei hundert Dollar am Tag nicht egal?« Nat wollte abgebrüht klingen, ein bißchen großspurig vielleicht sogar, aber insgeheim war sie erleichtert, daß sie zumindest seine Aufmerksamkeit gewonnen hatte. Sie sprach ein stilles Dankgebet.

»Nein«, sagte Chance. »Das ist ganz und gar nicht egal.« Er wandte sich wieder dem Vertrauensmann zu. Lieber verdiente er weniger und mußte dafür nichts Ungesetzliches tun.

Nat spürte, wie ihre Panik wuchs. Er *mußte* ihr einfach helfen. Sie konnte nirgendwo anders hin, konnte sich an niemand anderen wenden. »Ich suche jemanden, und dabei brauche ich Ihre Hilfe. Sie kennen sich hier in der Stadt aus...« Ihr fiel wieder ein, wie er mit den beiden Ganoven umgesprungen war. »Und Sie sind offenbar in der Lage, auf sich aufzupassen.«

Chance hob die Hand wie ein Polizist, der den Verkehr stoppt. »Warten Sie mal, ich muß da hinhören.«

»Pybus, Sean – Putzer«, rief der Vertrauensmann. »Okay, und jetzt kommt der Letzte.«

Die Spannung in der Menge nahm zu, und die Konzentration der Männer war beinahe hörbar. »Boudreaux, Chance, Vollmatrose.«

Chance atmete tief durch und wandte sich mit einem Lächeln an Nat. »Ich tät Ihnen ja gern helfen, Cherie, aber es sieht so aus, als müßte ich aus der Stadt fort.«

»*Bitte*...«, bettelte Nat.

»Tut mir leid.« Er deutete zu dem Wohnwagen. »Ich hab schon 'nen Job.« Chance drängte sich durch die sich auflösende Menge der Abgelehnten und stapfte zum Wohnwagen. Der Vertrauensmann saß an einem protzigen grauen Metallschreibtisch, vor sich einen Stapel Gewerkschaftsbücher und Personalkarten.

»Hallo, Baxter. Nett von dir, daß du mich aufgerufen hast. Ich brauch den Job.«

Baxter verschränkte die kräftigen Arme. »Du bist das also, Chance Boudreaux. Mann, ich hab gedacht, du wärst abserviert wegen dem Ding mit Kapitän MacDonald.« Wie ein Zocker blätterte er durch die Personalkarten, zog eine heraus und reichte sie Chance. »Hätte nie gedacht, daß du danach noch mal reinkommst.«

Chance grinste und nahm die Personalkarte. »Das ganze war doch bloß ein *Mißverständnis*.«

Baxter blickte sehr, sehr skeptisch drein. »Oh, klar, schönes Mißverständnis. Ein Mißverständnis, bei dem du ihm den Kiefer gebrochen hast, wie ich gehört habe.«

Chance hatte keine Lust, lange darauf herumzureiten, daß er mit seinem letzten Schiffsführer ein »Mißverständnis« gehabt hatte, nach dem auch er davon überzeugt gewesen war, daß seine Tage bei der Handelsmarine gezählt waren.

»Bestell ihm schöne Grüße und sag ihm, daß ich nicht

nachtragend bin«, sagte Chance freundlich. »Und jetzt gib schon das Gewerkschaftsbuch her, mein Freund.«

Baxter blätterte das Buch durch wie ein Zollbeamter, der glaubt, er hätte einen gefälschten Paß in den Händen. »Holla«, sagte er. »Wart mal 'ne Minute.«

»Ach, komm schon, Baxter. Erskine hat mir gesagt, ich werd wieder eingesetzt. Du kannst mir das Schiff nicht verweigern.«

»Klar«, sagte der Vertrauensmann, »du wirst wieder eingesetzt. Bei der Firma eingesetzt. Aber mit der Gewerkschaft bist du nicht im reinen, noch nicht jedenfalls.«

»Wovon, zum Teufel, redest du da?«

Baxter war in das Gewerkschaftsbuch vertieft. »Sieht so aus, als wärst du da ein bißchen im Rückstand.«

»Rückstand? Hast du Rückstand gesagt?« Chance war verblüfft, beinahe sprachlos. Er war so kurz davor, ein Schiff zugewiesen zu bekommen, und konnte es sich nicht leisten, daß es ihm durch die Lappen ging – nicht jetzt.

»Du schuldest uns zweihundertundsiebzehn Mäuse. Keine Kohle, kein Schiff.«

»Das muß ein Irrtum sein«, sagte Chance. Für ihn waren zweihundertsiebzehn Dollar genausoviel wie hunderttausend Dollar. Er wußte, daß er nicht mehr als zehn Dollar besaß, und die steckten in seiner Brieftasche in der Hose.

»Nein«, sagte Baxter.

»Ich zahl's auf der Fahrt ab«, beharrte Chance. »Laß es durchgehn, Baxter. Bitte.«

Der Mann schüttelte den Kopf. »Würde ich ja gern, Chance. Aber es geht nicht, das weißt du so gut wie ich.«

»Warum nicht?«

»Weil es die Gewerkschaftspolitik so will. Ich kann dich nicht auslaufen lassen, wenn du mit deinen Beiträgen im Rückstand bist. So einfach ist das.«

Chance ließ die Schultern hängen. »Aber wie, zum Teufel, soll ich meine Rückstände bezahlen, wenn ich keine Arbeit kriege?«

Baxter schüttelte den Kopf. »Ich mach die Bestimmungen nicht, Kollege.«

»Aber –«

Baxter war kein übler Kerl, und er hatte im Laufe der Jahre viele Seeleute erlebt, die in genau der gleichen Klemme gesteckt hatten. »Schau, wie wär's damit. Dein Pott läuft nicht vor Ende der Woche aus. Ich halte deine Nummer zwei Tage offen. Sieh zu, daß du's schaffst, dein Buch zu bereinigen.«

Es kam kaum darauf an, was Baxter machte – Chance hatte keinerlei Vorstellung, wie er in achtundvierzig Stunden zweihundertsiebzehn Dollar auftreiben sollte. Er faltete seine Papiere zusammen und stopfte sie in seine Jeanstasche.

»Verflucht«, sagte er.

Baxter zuckte mit den Achseln. »Das ist das Äußerste, was ich für dich tun kann, mein Freund.«

»Wenn ich das Geld auftreibe – was passiert dann?«

»Dann laß ich dich auslaufen.«

Mehr konnte Chance nicht herausholen. Er wandte sich

vom Schreibtisch ab und ging zur Tür. Dann fiel ihm die Frau wieder ein, die ihm hundert Dollar pro Tag geboten hatte.

»He, Baxter...«

»Was ist?«

»Bis in zwei Tagen.«

»Viel Glück, Kollege. Aber daß du mir keine Bank ausraubst.«

Nat saß in ihrem Auto und fragte sich, was sie nun machen sollte, als Chance zu ihr trat. Er war verlegen, schämte sich, daß er sie so abrupt stehengelassen hatte – aber nun brauchte er unbedingt den Job, den sie ihm angeboten hatte. Er hoffte nur, daß es sich um nichts Illegales handelte.

»Also«, sagte er. »Dieser Typ, den Sie suchen, schuldet der Ihnen Geld oder was? Oder geht's um was Schlimmeres?«

Nat war erleichtert, daß er zurückgekommen war, und blickte lächelnd auf. »Er ist mein Vater.«

Chance nickte. Das klang nicht nach etwas Illegalem. »Okay. Ich hab meine Meinung geändert. Ich helfe Ihnen – aber zu meinen Bedingungen.«

Nat musterte ihren neuen Angestellten. »Und wie lauten Ihre Bedingungen?«

»Ich helfe Ihnen zwei Tage lang. Dafür zahlen Sie mir zweihundertsiebzehn Dollar.«

Nat nickte. »Abgemacht.« Sie warf ihm die Autoschlüssel zu, und er fing sie auf. »Sie fahren.«

Chance, mehr als peinlich berührt, errötete leicht. »Ich hab keinen Führerschein.«

Nat verdrehte die Augen. »Na großartig.«

Siebtes Kapitel

In New Orleans herrschte dichter Verkehr, so daß Nat auf der Fahrt durch die Innenstadt ständig anhalten und wieder Gas geben mußte. Sie hatte viel Zeit, ihren Begleiter näher zu betrachten.

»Und«, fragte sie, »wie heißen Sie?«

»Chance. Chance Boudreaux.«

Nat nickte vor sich hin und achtete wieder auf den Verkehr. Chance hatte den Blick nicht von ihr abgewandt, so, als warte er auf etwas.

»Und?« sagte er schließlich.

»Und was?« fragte Nat.

»Und Sie, wollen Sie mir Ihren Namen nicht verraten?«

Nat lachte. »Oh, sorry.« Sie nahm die Hand vom Lenkrad und reichte sie Chance. »Ich heiße Nat.«

»Nett?« sagte Chance lachend. Er wirkte leicht verwirrt. »Was ist denn ›nett‹ für ein Name?«

»Yeah, Nat. Stimmt damit was nicht?«

»Ist es nicht ein bißchen komisch, daß Ihre Eltern Sie nach 'ner Eigenschaft benannt haben?«

»Das ist die Kurzform von Natasha«, sagte Nat frostig.

»Oh... *Nat.*«

»Ganz genau.«

Sie warf ihm einen Seitenblick zu. »Außerdem, was für ein Name ist denn ›Chance‹?«

Chance war keineswegs beleidigt, daß sie sich über seinen Namen lustig machte. Er lachte und schenkte ihr sein strahlendstes Lächeln. »Das ist 'n alter Familienname«, sagte er leichthin. »Genau der Name, den du kriegst, wenn deine Mutter eigentlich nicht vorhat, sich eine Familie zuzulegen.«

Nat errötete leicht. »Huch. Tut mir leid. Das wußte ich nicht.«

»Woher auch? Ist ja egal. Hier bin ich nun. Zu spät, um irgendwas zu ändern.«

Nat stellte fest, daß sie unter Chances bemerkenswertem Charme dahinschmolz. Sie schwiegen eine Zeitlang, während sie sich mühsam durch den Verkehr arbeiteten.

Nach einer Weile redete Chance wieder.

»Darf ich Ihnen eine Frage stellen?«

»Klar.«

»Sie müssen entschuldigen, daß ich Sie das frage. Aber wie haben Sie's denn fertiggebracht, Ihren Vater zu verlieren?«

Nats Gesicht wurde düster, und sie zuckte leicht zusammen, als habe er eine alte, aber noch immer schmerzende Wunde berührt. »Meine Eltern haben sich scheiden lassen, als ich sieben war. Mein Vater zog weg...« Ihre

Stimme verlor sich, und sie bekam einen geistesabwesenden Gesichtsausdruck.

Chance nickte. Er hatte verstanden. Seine familiären Verhältnisse waren auch nicht gerade normal. »Muß schwer für einen Mann sein, seine Familie zu verlieren.«

»Und was ist mit dem Kind, das seinen Vater verliert?« fragte sie mit traurigem Unterton in der Stimme.

Chance hatte einen Augenblick daran zu kauen. »Das ebenfalls«, sagte er leise.

Nat hatte den Eindruck, sie müsse ihm mehr erklären und, so schien es, auch um ihretwillen die ganze traurige Geschichte erzählen. »Bis vor ein paar Monaten hatte ich nicht die geringste Ahnung, wo er war. Wir haben seit meiner Kindheit nichts mehr von ihm gehört. Dann ist er plötzlich wieder aufgetaucht.«

»Wie? Was ist passiert?«

»Ich habe einen Brief bekommen. Letzten Sommer. Ich habe mein Juraexamen bestanden, und er schrieb, wie stolz er auf mich sei.«

»Und? Haben Sie sich mit ihm getroffen?«

Nat schüttelte den Kopf. »Nein... Wir fingen an, uns zu schreiben... Er rief mich sogar ein-, zweimal an... Ich wollte ihn besuchen, aber er sagte ständig, er sei zu beschäftigt. Vor drei Wochen kamen plötzlich keine Briefe mehr... Ich verstehe es einfach nicht. Er sagte ständig, daß er nie mehr die Verbindung zu mir verlieren wollte. Ich wußte genau, daß er es auch so meinte.«

»Ist schon komisch, daß er Sie nicht sehen wollte. Und warum glauben Sie, daß er noch in New Orleans steckt?«

»Er wollte mich nicht sehen, weil es ihm schlecht ging. Er war zu stolz, um es mir zu sagen, zu stolz, seine Tochter um Hilfe zu bitten.«

»Woher wissen Sie, daß es ihm schlecht ging?«

Nat zwang sich zu einem matten Lächeln. »Sie kennen sich doch in dieser Stadt aus. Kennen Sie den neunten Bezirk?«

Chance nickte. »So gut, daß ich vor Einbruch der Dunkelheit von dort abhaue.«

»Mein Vater hatte dort ein Zimmer. Er hatte für eine Ölbohrgerätefirma gearbeitet... offensichtlich verlor er seinen Job. Ich ging zu der Adresse, die er mir geschrieben hatte, dem Haus, in dem er wohnte... aber er war weggezogen. Er war mit der Miete im Rückstand.«

Allmählich war Chance im Bilde. Er erkannte, daß diese hübsche, begüterte junge Frau nicht glauben wollte, daß ein Angehöriger ihrer Familie, jemand von ihrem Fleisch und Blut, an den Rand des sozialen Abgrundes geschlittert war.

»Er hat mir nie etwas davon gesagt, daß er...« Sie brachte die Worte nicht über die Lippen.

Chance nahm es ihr ab. »Auf der Straße lag.«

Nat nickte. »Ich weiß nicht, wo er steckt. Aber wenn ich ihn finden kann, kann ich ihm helfen.«

»Wir werden ihn schon finden«, sagte Chance.

Die Menschenmenge vor dem »Hafen« war größer als bei Nats letztem Besuch. Obdachlose Männer, Frauen und Kinder standen einen ganzen Häuserblock lang nach einem warmen Mittagessen an. Der Anblick von soviel Elend auf einmal – und das jähe Begreifen, daß sich auch ihr Vater in der Menge befinden könnte – erschütterte Nat offenbar mehr als zuvor. Ein niedergeschlagener Ausdruck trat in ihre Augen. Die furchtbare Wirklichkeit des Lebens außerhalb jeden sozialen Netzes schien sich wie ein Leichentuch um sie zu legen.

»Werden Sie's durchstehen?« fragte Chance.

»Ja... klar«, antwortete sie rasch. Nat räusperte sich, doch es war unüberhörbar, daß sie bis auf den Grund ihrer Seele erschüttert war.

Chance setzte sie dem nicht gern aus, aber wenn sie ihren Vater irgendwo finden würden, dann hier, unter den Elenden. Sein Tonfall war ruhig und gesetzt.

»Wir müssen einige ziemlich schlimme Orte aufsuchen. Sie werden sich daran gewöhnen.«

Nat nickte, wirkte aber nach wie vor etwas unsicher. »Ich weiß. Ich weiß. Es muß sein.«

»Gut. Klappern Sie die Schlange ab. Ich schau mich drinnen um.«

An den Aluminiumtischen im »Hafen« saßen dicht gedrängt und Schulter an Schulter die Obdachlosen über Pappteller mit Essen gebeugt. Kaum ein Wort war zu hören – Reden kostete Zeit, die man zum Essen brauchte –, nur das Schlürfen und Mampfen hungriger Menschen, die so viel aßen, wie sie konnten. Es war kein schöner Anblick.

Chance schritt die Tischreihen ab und musterte die schmutzigen, unrasierten Gesichter, betrachtete die dumpfen, erschöpften Augen und die eingefallenen Wangen. Es dauerte nicht lange, bis er feststellte, daß sich Doug Binder nicht unter dieser Masse unglücklicher Männer und Frauen befand.

»He, Chance!«

Chance drehte sich um und sah Elijah Roper an einem der Tische sitzen, vor sich einen halbleeren Teller mit Essen. »Chance! Du hast nicht zufällig 'ne Flasche scharfe Soße in deiner Jacke, oder?«

Chance klopfte seine Taschen ab, als suche er tatsächlich nach einer Flasche Red Devil. »Ne.« Dann schüttelte er Elijah die Hand. »Was, zum Teufel, machst du denn hier? Ist doch nicht dein eigentlicher Kiez, oder?«

Der große Mann deutete auf seinen Teller. »Mittwochs gibt's im Hafen Fleischklopse.« Er stocherte mit der Gabel im Fleisch herum. »Ich meine, die haben jedenfalls gesagt, es wären Fleischklopse.« Er zuckte mit den Achseln. »Wer weiß das schon?«

Elijah aß eine weitere Portion, stand dann auf und warf seinen Pappteller in eine Mülltonne.

»Ich hab gedacht, du willst dir 'n Schiff schnappen und raus aus unsrer schönen Stadt.«

Chance zuckte mit den Achseln. »Ich auch. Aber ich mußte meine Reisepläne ein bißchen aufschieben.«

»Aufschieben? Ich hab gedacht, du kannst es kaum erwarten, aus dem Kaff rauszukommen.«

»Kann ich auch nicht, aber –« Er deutete auf Nat, die sich gerade in die Suppenküche drängelte.

Elijahs Miene hellte sich auf. »He, junge Frau! Freut

mich, daß Sie aufkreuzen. Gleich nachdem Sie weg waren, hab ich was gefunden, das ich Ihnen zeigen muß.«

Chance war verblüfft. »Ihr zwei kennt euch?«

»Wir haben uns hier kennengelernt«, sagte Nat. »Haben Sie meinen Vater gesehen?« Sie klang ängstlich und besorgt.

»Ich hab was fast genauso Gutes gesehen«, sagte Elijah. »Kommt mit.«

Er führte sie aus dem »Hafen«, um die Ecke und eine mit Abfall übersäte Gasse entlang zur Rückseite der Suppenküche. Neben den Mülltonnen an der Hintertür stand ein rostiger Einkaufswagen vom Supermarkt. Er enthielt etliche mit Getränkedosen vollgestopfte Plastiksäcke, einige Kleiderbündel, einen zerschrammten Koffer und einen Schlafsack.

Elijah zerrte das schmutzige Stoffbündel aus dem Wagen und zeigte es Nat voller Stolz.

»Ich war gestern unter der Brücke in Dryades, und da hab ich den Schlafsack in 'ner Karre gesehen.« Er ließ den Schlafsack durch die Hände gleiten wie ein Händler, der einen Ballen Tuch prüft.

Nat verstand den Zusammenhang nicht. »Tut mir leid«, sagte sie augenzwinkernd. »Aber ich –«

Der Schlafsack war nicht wie üblich olivgrün, sondern hatte ein verrücktes Muster aus braunen, orangefarbenen und schwarzen Tarnstreifen, als sei er eher für den Einsatz im Dschungel gedacht als zum Schlafen unter einer Eisenbahnbrücke.

»Das sind Tigerstreifen«, erklärte Elijah. »Genau so sahen die Schlafsäcke aus, die an die Jungs von den Aufklärungseinheiten der Marines ausgegeben wurden. Ihren Vater zum Beispiel. Da sind nicht viele von hergestellt worden. Ich hab mir gedacht, das müßte seiner sein. Seine Karre. Am Saum is sein Name aufgenäht. Sehn Sie?«

Er kehrte das Futter nach außen und zeigte Nat die verblichenen Buchstaben. »Binder« stand da, gefolgt von einer langen Zahlenreihe, der Sozialversicherungsnummer ihres Vaters. Die alten Kennziffern der Army waren durch die Sozialversicherungsnummern ersetzt worden, als die ersten Soldaten nach Vietnam geschickt worden waren.

»Es ist seiner«, flüsterte Nat.

»War pures Glück, daß ich ihn gesehen hab«, fuhr Elijah fort. »Wenn's gestern nacht richtig kalt gewesen wär, hätt ihn sich jemand anders gekrallt, wissen Sie?«

»Elijah, ist das dein Koffer?« fragte Chance.

Er schüttelte den Kopf. »Ich hab gedacht, der gehört ebenfalls ihrem Vater.«

Chance holte den Koffer aus dem Einkaufswagen und legte ihn auf eine Mülltonne. Nat atmete tief durch, öffnete den Schnappverschluß und schaute hinein. In ihm befanden sich einige ordentlich zusammengelegte Kleidungsstücke, zwei eselsohrige Taschenbücher und ein von einem breiten Gummiband zusammengehaltener Stoß Briefe. Tränen schossen ihr in die Augen, als sie die Briefe berührte und ihre Handschrift auf dem Umschlag erkannte.

Zwei Tränen rollten über Nats Wangen, und Elijah und Chance drucksten unbehaglich herum und blickten weg –

sie wollten sie nicht bei ihrer Trauer stören. Einen herzzerreißenden Augenblick lang mußte sie mit aller Macht ein Schluchzen unterdrücken, das aus ihrem tiefsten Inneren zu kommen schien.

»Er hat alle meine Briefe aufgehoben«, sagte sie leise.

Unter dem Stapel Briefe befand sich ein kleines Foto in einem billigen Goldrahmen – ein Bild von Nat und ihrer Mutter, als das Mädchen nicht älter als sechs oder sieben gewesen war. Es mußte sich um das Bild handeln, das er mitgenommen hatte, als er sie verließ. Mit zitternden Händen hob Nat das Bild hoch und starrte es an.

»O Gott«, seufzte sie. »Wo ist er bloß?«

In dem Koffer befand sich noch etwas, das nicht zu den anderen Sachen passen wollte, die Nat gefunden hatte. In einer Ecke steckte ein Stoß leuchtend rosa bedruckter Handzettel, darauf das Bild einer vor der Kamera posierenden großbusigen Frau, die man unter der Nummer 1-900-SLUTTS anrufen könne, wenn einem der Sinn nach sexuellen Vergnügungen aller möglichen Art stand.

Schockiert, verletzt und mehr als nur ein bißchen peinlich berührt, blickte Nat auf. »Und was soll das hier?«

»Nehmen Sie's nicht persönlich«, sagte Chance. »Die werden hier für Geld verteilt.«

»Hab ich auch schon machen müssen«, sagte Elijah. »Drei Dollar für hundert Stück. Solang man nicht probiert hat, tausend von den Dingern loszuwerden, weiß man nicht, was schwere Arbeit ist.«

»Wird der Schuppen immer noch von denselben Typen betrieben?« fragte Chance.

»Na klar«, erwiderte Elijah.

»Dann gehen wir doch mal Mister Randal Poe aufsuchen.«

»Da paß ich lieber, wenn's dir nichts ausmacht, Chance«, sagte Elijah.

»Kann ich dir nicht verübeln, Elijah, überhaupt nicht.«

Die Büroräume der Direct Advertising Services befanden sich im ersten Stock eines heruntergekommenen Gebäudes an der Loyola Avenue. Auch hier drängten sich obdachlose Männer. Geduldig warteten sie auf der kaputten Treppe darauf, bis sie an die Reihe kamen und sich ein bißchen Geld verdienen konnten, indem sie auf der Bourbon Street Handzettel an Touristen verteilten.

Chance drängelte sich durch die Schlange und zog Nat am Handgelenk mit sich.

»He«, sagte einer der armen Schlucker, »wartet gefälligst, bis ihr dran seid.« Er hatte Angst, daß ihm jemand zuvorkommen und seine elende Arbeit wegschnappen könnte.

»Ich suchte keine Arbeit, Alter«, sagte Chance. »Muß bloß mal kurz Poe sprechen.«

Randal Poe war ein schwitzender, kahl werdender Mann um die Vierzig, mit grauen, teigigen Zügen, abgesehen von der leuchtend roten Nase, einer Trinkernase, die mitten in seinem Gesicht thronte wie ein Warnschild der Anonymen Alkoholiker.

Poe mochte seinen Beruf nicht besonders – er mochte im Grunde gar nichts, bis auf Zigarren und alles, was man in

Flaschen kaufen konnte. Darüber hinaus hatte er eine Schwäche für harte Pornographie. Daher machte er das Beste aus den Dingen, die ihm Freude bereiteten: Er hielt seine freischaffenden Angestellten knapp bei Kasse und machte diesen wehrlosen, machtlosen Menschen das Leben so schwer wie nur irgend möglich.

Als Chance und Nat in das Büro kamen, kaute Poe auf einem glitschigen Zigarrenstumpen herum und schurigelte einen dürren, älteren Mann, der eine Papiertüte voller Flugblätter für 1-900-SLUTT in der Hand hielt.

»Die Barracks Street bis rauf zur Rampart«, knurrte er den alten Mann an. »Und diesmal beide Straßenseiten, Opa. Und glaub ja nicht, du kannst die Dinger einfach auf den Müll schmeißen. Ich krieg's raus, wenn du sie verschwinden läßt. Kapiert?«

»Ja.« Der alte Mann wirkte verschreckt.

»Raus hier jetzt. Und schick den nächsten rein.«

Chance trat auf ihn zu, gefolgt von Nat.

Poe lehnte sich auf seinem Schreibtischstuhl zurück und nahm den Zigarrenstumpen aus dem Mund. »Ah, wenn das mal nicht mein guter Freund Mister Chance Boudreaux ist. Ich habe gehört, du willst auf einem Schiff unterkommen. Losziehen und was von der Welt sehen.«

Chance blickte Poe mitten in die Augen und sagte mit eiskalter Stimme: »Ich hab mir gedacht, ich bleib noch ein bißchen hier und laß mich zum Bürgermeister wählen. Die Stadt von den üblen Elementen befreien, weißt du?«

Poes Wangen verfärbten sich vor Wut. »Was, zum Teufel, willst du? Ich bin ein vielbeschäftigter Mann.« Seine

Knopfaugen entdeckten Nat, und fragend reckte er das fette Kinn vor.

Nat ergriff rasch das Wort. »Wir suchen jemanden, der für Sie gearbeitet haben könnte.«

»Ja? Und wer sollte das sein?«

»Sein Name ist Douglas Binder.«

Poe tat gar nicht erst so, als denke er über den Namen nach, nicht eine Sekunde. »Nie von ihm gehört«, sagte er augenblicklich.

Chance legte einen der obszönen Handzettel vor Poe auf den Schreibtisch. »Wir glauben aber, daß er dich vielleicht kennt.«

»Vielleicht ist er ja auch bloß ein zufriedener Kunde«, sagte Poe höhnisch.

»Ist er nicht«, sagte Nat kurzangebunden. »Hat er für Sie gearbeitet? Für mich ist das sehr wichtig.«

Poe zuckte mit den Achseln. »Vielleicht, vielleicht auch nicht. Schaun Sie, ich hab kein gutes Namensgedächtnis.«

»Könnten Sie in Ihren Unterlagen nachsehen?«

Poe kicherte. »Unterlagen. Nicht schlecht, der Witz.«

»Wie ist es damit...« Sie kramte in ihrer Handtasche herum. »Ich habe ein Foto.«

Chance nahm ihr das Bild ab und hielt es Poe unter die Nase.

»Ich glaube, Mister Poe will uns sagen, daß er auch kein gutes Gedächtnis für Gesichter hat.«

Poe beachtete das Bild kaum. »Wie schmeckt dir das? Sieht so aus, als hätt ich tatsächlich kein gutes Gedächtnis für Gesichter. Wie du gesagt hast.«

Hinter Poes Schreibtisch ging eine Tür auf, und Van Cleave tauchte auf. Er wirkte alles andere als glücklich darüber, daß Chance und Nat seinen Angestellten ausfragten. Poe fing an zu zittern, als er sah, daß Van Cleave ihn mit Chance und Nat im Büro ertappte. Chance bemerkte, wie verängstigt Poe aussah – es war, als hätte der fette Mann den Teufel persönlich gesehen, und Chance mußte zugeben, daß der Mann tatsächlich so ähnlich aussah wie der Fürst der Finsternis.

»Randal«, sagte Van Cleave mit leicht drohendem Unterton, »ich habe nicht gewußt, daß du Gesellschaft hast.«

Chance stopfte das Bild in seine Tasche. »Eigentlich wollten wir gerade gehen.« Er ergriff Nats Ellbogen und geleitete sie zur Tür. Vom bloßen Hinsehen wußte er, daß Van Cleave mehr war als nur ein heimlicher Kunde. Der Mann strahlte etwas Böses aus.

Chance wußte, daß es an der Zeit war zu gehen, denn die Kunst des Überlebens besteht unter anderem darin, daß man weiß, wann man sich zurückziehen muß.

Achtes Kapitel

Nat stapfte die Treppe hinunter, Chance folgte dicht hinter ihr. An der Art, wie sie mit ihren Absätzen das alte Holz malträtierte, erkannte er, wie stinksauer sie war.

Am Fuß der Treppe blieb sie stehen und drehte sich wütend um. »Dieser Mann hat *gelogen*.«

Chance schnalzte mit der Zunge. »Tja, Sie können sich sicher vorstellen, wie überrascht ich drüber bin, daß Sie Randal Poe für einen Lügner halten.«

»Dann sollten wir noch mal zu ihm hoch gehen«, verlangte Nat. »Er muß uns die Wahrheit sagen.«

Bedächtig schüttelte Chance den Kopf. »Ich bin mir nicht sicher, ob uns das so gut bekommen würde. Außerdem sagte Poe nicht die Wahrheit. Nie. So was kennt der gar nicht. Der lügt selbst dann, wenn's gar nicht drauf *ankommt*, ob er die Wahrheit sagt oder nicht.«

Entweder hörte sie ihm nicht zu, oder sie verstand nicht, was er damit sagen wollte.

»Poe weiß etwas über meinen Vater. Wenn *Sie* nicht noch mal zurückgehen wollen, gehe ich allein hinauf.«

Chance ergriff sie am Arm und hielt sie zurück. »Nein«, sagte er. »Stopp.«

»Lassen Sie mich los!«

»Schaun Sie«, sagte er ärgerlich, »wenn Sie Ihren Vater finden wollen, müssen Sie *raffiniert* vorgehen und nicht *kleinkariert*.«

Nat blieb stehen, wirkte auf einmal kraftlos, ließ Kopf und Schultern hängen. »Was soll ich denn dann tun?«

»Ich glaube, Sie sollten erst mal in Ihr Hotel zurück. Sie sehen aus, als könnten Sie ein bißchen Ruhe gebrauchen. Legen Sie sich aufs Ohr, und ich horch mich derweil ein bißchen um. Knöpfe mir ein, zwei Läden vor, die ich kenne, und seh zu, ob ich irgendwas rausfinden kann.«

»Ich komme mit«, verlangte sie.

»Nat«, sagte er sanft, »ich will Ihnen keineswegs ein schlechtes Gewissen einreden, aber in der einen oder anderen Bar, in den Asylen, erregen Sie zuviel Aufsehen. Wenn ich allein hingeh, bin ich einfach jemand, der jemand anderen sucht. Vielleicht, weil ich ihm Geld geliehen habe und er sich verkrümelt hat. Vielleicht, weil er mir was geklaut hat. 'ne ganz alltägliche Sache. Keiner wird da groß drauf achten. Kommen Sie mit, sieht das völlig anders aus. Die Leute werden argwöhnisch. Sie machen die Schotten dicht. Kapiert?«

Nat zuckte mit den Achseln und schüttelte den Kopf. »Ich weiß nicht mehr, was ich machen soll.«

»Legen Sie sich ein bißchen hin.« Er brachte Nat zum Auto und schaffte es sogar, sie soweit zu überzeugen, daß sie ohne weitere Einwände zu ihrem Hotel fuhr.

Als sie aus dem Wagen stiegen, trat ein grimmig dreinblickender Mann auf sie zu. Chance wußte sofort, daß es sich um einen Bullen in Zivil handelte.

»Sind Sie Natasha Binder?« fragte er.

»Ja. Worum geht es?«

Der Detective zeigte seine Marke vor. »Miss Binder«, sagte der Polizist langsam. »Ich fürchte, ich habe eine schlechte Nachricht für Sie.«

Nats Gesicht verlor jegliche Farbe. »Was ist los? Was ist passiert?«

»Wir haben den Leichnam Ihres Vaters gefunden.«

Carmine Mitchel wartete am Empfang der gerichtsmedizinischen Abteilung der Stadt New Orleans, als Nat und Chance dort eintrafen. Obwohl es ein warmer Tag war, zitterte Nat, als sie in das trostlose Gebäude gingen.

Der Geruch in einem Leichenschauhaus ist unverwechselbar und unvergleichlich – eine Mischung aus Medizin, Desinfektionsmittel und Bohnerwachs. Es ist ein kalter Geruch, abgestanden und steril, der die Ausdünstung des Todes in sich birgt.

Diesen Teil ihres Jobs haßte Carmine Mitchel am meisten. Wenn die nächsten Angehörigen eintreffen, den letzten Funken Hoffnung in den Augen, und einen förmlich anflehen, daß es sich um einen furchtbaren Irrtum handeln, daß die Leiche auf dem Tisch im Zimmer nebenan jemand anderen ins Leid stürzen möge.

Sie reichte Nat einen kleinen Plastikbeutel. »Tut mir leid. Die Identifizierung ist positiv.«

Nat sank auf einen der kalten Plastikstühle und versuchte krampfhaft schluckend die Tränen zurückzuhalten.

»Wie ist es passiert?« fragte sie sehr leise.

Die Polizistin zuckte mit den Achseln. »Vor zwei Nächten brach in einem Lagerhaus im neunten Bezirk ein Brand aus. In einem der Räume entdeckte die Feuerwehr die Leiche Ihres Vaters.«

»Ich möchte ihn sehen.« Nats Ton war trotz aller Trauer bestimmt.

»Ich fürchte, er ist ziemlich schlimm verbrannt.«

Nat faßte kurz wieder Hoffnung, eine trügerische Hoffnung, flüchtig wie eine Seifenblase. »Woher wollen Sie dann wissen, daß es sich um ihn handelt?«

»Die Identifizierung erfolgte anhand der zahnärztlichen Unterlagen.«

»Zahnärztliche Unterlagen? Er war obdachlos. Er hatte keinen Zahnarzt. Er hatte ja kaum genug zum Beißen.«

Carmine schüttelte den Kopf. »Es ist kein Irrtum. Die Ölbohrgerätefirma, für die er arbeitete, hatte einen Zahnarztbefund... Es handelt sich um ihn. Tut mir leid.«

Obwohl sich Carmine nach Kräften bemühte, Nat die vernichtende Tatsache so sanft wie möglich beizubringen, war jedes Wort wie ein wuchtiger Schlag. Nat ließ den Tränen freien Lauf und schnappte mühsam nach Luft.

»Bitte«, stieß sie keuchend hervor, »ich möchte einen Augenblick hinausgehen. Nur ein bißchen frische Luft schnappen...«

»Machen Sie das mal, Schätzchen«, sagte Carmine Mitchel. Chance wollte Nat hinterher, doch die Polizistin hielt ihn zurück.

»Was haben Sie mit der Sache zu schaffen?« Als Polizistin hatte sie schon während der Ausbildung gelernt, stets argwöhnisch zu sein.

»Ich hab ihr bei der Suche nach ihrem Vater geholfen«, sagte er.

Carmine zuckte mit den Achseln. »Hören Sie, tut mir echt leid.« Sie reichte ihm einen Durchschlag des Autopsieberichtes und die wenigen Besitztümer, die man bei Doug Binders Leichnam gefunden hatte.

»Yeah«, sagte Chance. »Mir auch.«

Chance bewunderte Nat dafür, daß sie nicht in Hysterie ausbrach; trotzdem war ihre tiefe Trauer nicht zu übersehen. Immerhin brachte sie es fertig, soviel Ruhe zu bewahren, daß sie sich ins Auto setzen und zum Hotel zurückfahren konnte. Erst als sie auf den Parkplatz bog, ergab sie sich in ihren Kummer.

Stocksteif saß Nat am Fahrersitz, umklammerte mit aller Kraft das Lenkrad und starrte durch die Windschutzscheibe. Ein leichter Regen fiel auf New Orleans, und die Tropfen klatschten auf das Dach des Fahrzeuges.

»Kommen Sie halbwegs klar?« fragte Chance.

Sie nickte, schaute ihn aber nicht an. »Ja... Ich muß meine Mutter anrufen.«

»Es ist immer gut, wenn man mit jemandem reden kann.«

Nat unterdrückte ein Schluchzen und zwinkerte krampfhaft, um die Tränen zu verdrängen. »Gott, was soll ich ihr denn bloß sagen? Es wir ihr das Herz brechen.«

»Es wird Ihnen guttun, wenn Sie mit jemandem drüber reden.«

Einen Augenblick lang vergrub Nat das Gesicht in den Armen. »Gott, was soll ich ihr denn bloß sagen?« Und dann erfaßte sie der Kummer mit aller Macht, und sie begann haltlos zu schluchzen.

Chance, dem angesichts ihres Leides unbehaglich zumute war, zögerte einen Augenblick, dann legte er ihr den Arm um die Schulter. Ihre Knochen fühlten sich dünn und zerbrechlich an.

»Das ist alles meine Schuld«, stieß sie hervor.

»Das stimmt nicht«, sagte Chance. »Sie haben ja nicht gewußt, was er für ein Leben führt.«

»Weil ich nicht danach *gefragt* habe«, versetzte sie, offenbar fest entschlossen, sich die ganze Schuld am Tode ihres Vaters aufzubürden.

Chance strich ihr über die Haare. »Sie wollten ihn doch besuchen, als Sie das Gefühl hatten, daß er in Schwierigkeiten steckt. Sie sind nicht dafür verantwortlich.«

»Natürlich bin ich dafür verantwortlich«, sagte sie. »Ich bin zu spät gekommen.« Sie straffte die Schultern und rieb sich die Tränen aus den Augen. Er sah, daß sie sich wieder in den Griff zu bekommen versuchte, ihre aufgewühlten Gefühle unter Kontrolle bringen wollte.

»Es war nicht zu spät.«

»War es doch! Mein Gott, Chance, er mußte aus einem Einkaufswagen leben...« Sie starrte ihn an, fixierte sein Gesicht, als könne sie dort eine Antwort finden. »Warum hat er mir nichts davon gesagt? Warum hat er nicht um Hilfe gebeten?«

»Manche Menschen bringen das einfach nicht fertig, Cherie«, sagte Chance. »Die eigene Bürde tragen... das ist das einzige, von dem sie was verstehen.«

Es war, als habe Nat ihn nicht gehört. Sie blickte von ihm weg, hinaus in den strömenden Regen. »Ich weiß noch, wie er aus dem Krieg zurückgekehrt ist. Wie ruhig er war... Ich weiß noch, wie er immer im Dunkeln saß, einfach dasaß... auf etwas horchte.«

Chance war bewußt, daß sie sich zu ihrem eigenen Wohl erinnerte, daß sie die wenigen Erinnerungen an ihren Vater heraufbeschwor, bevor sie von der traurigen Wirklichkeit am Ende seines Lebens getilgt wurden, von den Obdachlosenasylen, dem Dasein auf der Straße, dem Leichenschauhaus.

»Er wirkte so alt... und müde. Eigentlich war er noch ein Junge. Er war damals jünger, als ich heute bin.«

Danach schwieg Nat lange Zeit. Nur der Regen trommelte weiter leise auf das Autodach.

»Er verlor seinen Job«, sagte sie nach einer Weile. »Das war, glaube ich, der Anfang vom Ende. Eines Tages kam ich von der Schule heim, und Mutter sagte einfach: ›Dein Vater ist fort.‹« Sie schüttelte den Kopf, als könne sie nicht glauben, was geschehen war, nicht einmal nach all den Jahren. Sie blickte zu Chance hinüber.

»Als er wegging, wollte ich am liebsten sterben. Ich wollte ihm sagen, wie sehr ich ihn liebte... jede Nacht betete ich darum, daß Gott ihn finden und es ihm zuflüstern möge.« Sie wischte sich die Augen.

»Ich bin sicher, Gott hat es gemacht.«

Wieder flossen die Tränen. »Jetzt werde ich nie erfahren, ob er *mich* geliebt hat.«

»Er hat Sie geliebt, Cherie«, sagte Chance bestimmt.

»Wieso sind Sie sich da so sicher? Woher wollen Sie das *wissen*?«

»Ich bin mir halt sicher.«

»Wenn er mich liebte, wieso hat er dann nicht um Hilfe gebeten?«

Chance rutschte unbehaglich hin und her. Er beichtete nur ungern, breitete nur widerwillig seine persönlichen

Angelegenheiten vor jemand anderem aus. »Ich war selber schon mal da. Auf der Straße. Ich glaube, Sie machen sich keine Vorstellung, wie schwer es einem fällt, die Hand auszustrecken. Wie schwer es ist, jemanden zu bitten... Wie schwer es ist, zuzugeben, daß man so tief gesunken ist, daß man fremde Hilfe braucht, um wieder auf die Beine zu kommen.«

»Aber ich hätte es doch verstanden«, protestierte Nat.

»Sie müssen das mal aus seiner Sicht sehen. Er war ein stolzer Mann, und seiner Ansicht nach war aus einem Soldaten, einem Helden, einem Familienvater, ein ganz gewöhnlicher Straßenpenner geworden. Ich glaube, er hätte Ihren mitleidigen Blick einfach nicht ausgehalten.«

»Aber er war doch mein Vater.«

»Und als Ihr Vater hat er Sie nicht um Hilfe gebeten, weil er die Menschen, die er liebte, da nicht mit reinziehen wollte.«

Nat hatte aufgehört zu weinen und saß nun still da, dachte über das nach, was Chance gesagt hatte. Es klang logisch, aber es linderte nicht den Schmerz, der Sie bis in ihr tiefstes Inneres aufwühlte.

Chance sah, daß sich der erste Schock legte, daß sie das erste Entsetzen allmählich überwand. Die Trauer allerdings würde noch eine ganze Weile anhalten. Sie litt mehr als jemals zuvor in ihrem Leben, aber er wußte auch, daß sie sich wieder fangen würde.

Er tätschelte ihren Arm. »Rufen Sie Ihre Mutter an.« Er öffnete die Autotür und trat hinaus in den Regen. Nat öffnete ebenfalls ihre Tür.

»Wo wollen Sie hin?« Sie war nicht sicher, ob sie es allein in dem einsamen Hotelzimmer aushalten würde.

Mit einem leichten Lächeln deutete Chance auf den bleiernen Himmel. »Ich will sehen, daß ich aus dem Regen rauskomme.«

»Ich kann Sie irgendwo absetzen«, sagte sie rasch. »Wo immer Sie wollen.«

»Ich kann laufen.«

Nat holte ihren Geldbeutel aus der Handtasche. »Warten Sie. Ich schulde Ihnen Geld.« Sie wedelte ihm mit einer Handvoll Scheine zu, als wolle sie ihn für seine bloße Anwesenheit entschädigen.

Chance schüttelte den Kopf. »Nein. Bezahlen Sie mir erst was, wenn alles vorbei ist.«

»Aber Sie werden Ihr Schiff verpassen«, protestierte sie. »Sie müssen es nehmen.«

»Es gibt auch noch andere Schiffe«, sagte Chance. Er ging ein paar Schritte durch den Regen.

»Bitte«, rief sie ihm nach. »Bitte nehmen Sie es – wir hatten eine Abmachung.«

Chance drehte sich halb zu ihr um. »Haben wir doch immer noch.«

Neuntes Kapitel

Randal Poe war weit weg, an einem wunderbaren Ort, wo alle Frauen Huren waren, die Zigarren in Büscheln wuchsen wie die Bananen und wo der Bourbon wie Wasser aus der Leitung strömte. Er fühlte sich unendlich wohl an diesem Ort, der seiner Vorstellung nach irgendwo in Alabama liegen mußte, tollte mit den Huren herum, rauchte Zigarren und schlürfte den Schnaps mit weit aufgerissenem Mund aus sprudelnden Silberhähnen.

Doch irgendein Eindringling suchte dieses Paradies heim, etwas Lauerndes, Dunkles, Gefährliches. Mit einem Mal verwandelten sich die Huren in häßliche alte Hexen, die köstlichen Zigarren wurden schwarz und teerig, und der Bourbon stieg ihm brennend in die Kehle. Er spürte, wie ihn jähe Furcht erfaßte, und er würgte, trat um sich und versuchte eine der Frauen von sich zu stoßen. Mit langen schwarzen Nägeln zerkratzte sie ihm das Gesicht. Er riß den Mund zu einem Schrei auf.

Grunzend erwachte Randal Poe aus seinem Traum.

Er lag auf dem Bauch, hatte das vergilbte Laken im Mund, während ihm der Schweiß über die Stirn strömte und sein Herz wie rasend hämmerte. Noch immer hatte er ein beunruhigendes Gefühl, als lauere da irgendeine Bedrohung in der Dunkelheit direkt über seinem Kopf.

Poe wälzte sich zur Seite, knipste das Licht neben seinem Bett an – und wäre beinahe aus der Haut gefahren.

»Mister Van Cleave!«

Van Cleave stand über das Bett gebeugt und blickte mit einer Mischung aus Mitleid und Verachtung auf Randal Poe herab. Er streckte die Hand aus, packte ihn an seinem schmuddeligen T-Shirt und zerrte ihn aus dem Bett.

»Steh auf, Fettsack!«

Bevor Poe auch nur einmal blinzeln konnte, hatte ihn Van Cleave an der Kehle und knallte ihn gegen die Wand, wo er ihn mit dem Unterarm festnagelte. In seiner rechten Hand befand sich eine rasiermesserscharfe Schere, mit der er an Poes Ohr herumfuchtelte. Poes Körper verströmte einen schalen Geruch nach Angst, Schweiß und abgestandenem Alkohol. In seinem ganzen Leben war ihm kein solcher Schreck in die Glieder gefahren.

Mr. Fouchon trat aus der Dunkelheit in das gedämpfte Licht der Nachttischlampe. Obwohl Poe es für kaum möglich gehalten hatte, packte ihn nun noch mehr Furcht als zuvor.

»O Gott! Mister Fouchon! Was machen Sie denn hier? Was hab ich angestellt?«

»Rede nicht, Randal. *Hör zu.*«

»Jawohl, Sir«, stammelte er.

»Er ist ganz Ohr«, sagte Van Cleave höhnisch.

Fouchon griff nach einem auf dem Nachttisch liegenden Pornoheft und blätterte es durch, so daß die einzelnen Seiten ein schwindelerregendes Kaleidoskop aus lauter Körperteilen ergaben. Verächtlich schürzte Fouchon angesichts der grotesken Fotos die Lippen. Er warf das Heft beiseite.

»Als Mister Van Cleave dich gestern mit deinen Besuchern überraschte«, sagte er in gedämpftem Flüsterton, »hast du leider versäumt, uns mitzuteilen, daß sie Fragen nach einem unserer Freiwilligen gestellt haben.«

Poe schluckte hektisch. Er spürte, wie sich rasende Panik in seiner Brust ausbreitete. Er fragte sich, ob das vielleicht ein Herzanfall war. Van Cleaves Verständnis von Gerechtigkeit war dem jedenfalls entschieden vorzuziehen.

»Das... da war gar nichts«, sagte er verzweifelt. »Wirklich, da war gar nichts.«

Bedächtig schüttelte Fouchon den Kopf, wie ein Vater, der von seinem Kind enttäuscht ist. »O Randal. Warum lügst du mich weiter an?« Er nickte Van Cleave zu, der ohne zu zögern ein Stück von Poes fettem, fleischigem Ohrläppchen abschnippelte.

Der Schmerz bohrte sich wie ein sengender Pfeil in Poes Kopf, und er preßte die Hand auf die Wunde und sank zu Boden. Blut tropfte auf sein schmutziges T-Shirt. Ungerührt von dessen Schmerz blickte Fouchon auf den unglücklichen Mann hinunter.

»Das war schon *etwas*, Randal. Das wissen wir doch beide. Also lüge mich bloß nicht mehr an. Hast du verstanden?«

»Ja«, sabberte Randal Poe.

»Und jetzt sag an. Dieser Mann, den wir letzte Woche gejagt haben – warum verrätst du uns nicht seinen richtigen Namen?«

»Das war Binder... Douglas Binder«, sagte Poe. Er

schniefte hektisch, während er den Blutstrom einzudämmen versuchte.

Betont vorwurfsvoll schüttelte Fouchon den Kopf, als habe Poe gegen die guten Sitten verstoßen.

»Aber dieser Mister Binder, das war doch nicht der Freiwillige, um den wir für diese Jagd gebeten hatten, nicht wahr?«

Die Worte drängten geradezu aus Poes Mund. »Ich hab den Typen, nach dem Sie gefragt haben, nicht auftreiben können. Aber Sie wollten doch einen Kriegsveteran. Ich hab Binder geschickt – der hatte mehr Orden.«

Van Cleave packte Randal Poe, riß ihn vom Boden hoch und knallte ihn gegen die Wand, so daß das Blut aus seinem Ohr die verblaßte Tünche hellrot sprenkelte.

Fouchon verzichtete auf seinen gespielten Ärger, auf den vermeintlichen Eindruck, er sei nur leicht enttäuscht. Jetzt war er ernsthaft wütend. »Er hatte *Familie*, Randal. Und jetzt stellt seine Familie Fragen. Wir mögen es gar nicht, wenn jemand Fragen stellt, Randal.«

Van Cleave klappte die Schere auf und klemmte Poes rote Knollennase dazwischen ein. Vor Schreck riß Poe die Augen weit auf.

»Bitte nicht!« Seine Stimme kippte um, so daß ein weinerliches, verzweifeltes Winseln daraus wurde. »Ich hab gesagt, es tut mir leid.«

Fouchons Tonfall war so scharf wie ein Stilett. »Unvorsichtig nennt man das, Randal. Unvorsichtig und dumm, und jetzt muß ich feststellen, daß es dir auch noch leid tut.«

Poe wußte, daß es hier um sein Leben ging. »Binder hat mir gesagt, er wär allein. Woher sollte ich denn wissen, daß er Verwandte hat. Das sind Obdachlose, die kann man nicht überprüfen wie normale Menschen.«

Fouchon antwortete nicht sofort. Er ging zu einem Wandspiegel, zupfte an seiner Krawatte und strich eine widerspenstige Haarsträhne glatt.

»Du hast einen Fehler gemacht, Randal. Wir mögen keine Fehler. Aber ich weiß, daß du begierig darauf bist, ihn wieder auszubügeln, nicht wahr?«

Randal Poe spürte die Erleichterung geradezu körperlich. »Ja, ja, ja. Alles. Alles, was Sie wollen, Mister Fouchon.«

»Wir wollen lediglich, daß du deine Pflicht tust, Randal. Um mehr bitten wir nicht. Das ist doch nicht zuviel von dir verlangt, nicht wahr?«

»Neineinein«, erwiderte Poe rasch.

»Wir haben einen neuen Kunden, und dieser Kunde ist gerade dabei, sich einen Freiwilligen auszusuchen.«

Poe konnte die Schere kalt und klamm an seiner Nase spüren.

»Diesmal, Randal, schickst du uns den, um den wir bitten. Keinen Ersatzmann.«

Van Cleave übte mit der Schere etwas Druck aus.

»Ich werd's tun, Mister Fouchon... Ich schwör's.«

Die Schere schnappte zu – und zerschnitt die Luft direkt vor Poes Nase.

Van Cleave stieß ihn auf das Bett. Obwohl Poe nicht geschnitten worden war, griff er nach seiner Nasenspitze und überzeugte sich, daß sie noch da war. Er hatte das Gefühl, er müsse sich dringend übergeben, kämpfte aber verzweifelt dagegen an. Er wollte sich nichts zuschulden kommen lassen, das Mr. Fouchons Zorn erregen mochte.

Mr. Fouchon ging zur Tür. Er blieb stehen und drehte sich um. »Ich hoffe, wir haben uns verstanden, Randal. Ich glaube nicht, daß Mister Cleave noch einmal so höflich sein wird, falls wir gezwungen sein sollten, ein weiteres Mal hierherzukommen.«

»Nein, Sir. Ich habe verstanden«, sagte Randal Poe nervös. Er konnte es kaum glauben – mit einem Mal sah es so aus, als würde er die Nacht tatsächlich lebend überstehen. Er fragte sich, wieso er soviel Glück hatte. Sah ihm gar nicht ähnlich.

Van Cleave wollte seinem Boß durch die Tür folgen. Aber er blieb noch einmal stehen und zwinkerte Poe zu. »Schlaf süß«, sagte er.

Zehntes Kapitel

Der Jaguar war ursprünglich ein normaler XJ6 gewesen, der in der Mitte aufgeschweißt und auf Limousinenlänge gestreckt worden war. Er bog vom Highway ab und stieß durch das hohe schmiedeeiserne Tor, dem man ansah, daß am anderen Ende der Zufahrt, weit abgelegen von der

Straße, ein großes Haus stand, ein so weit wie möglich vom gewöhnlichen Volk abgeschiedenes Haus.

Eine geschlagene Viertelstunde lang fuhr der schwere, luxuriöse Wagen im Schatten hoher Bäume – uralter, stattlicher Eichen, von denen in grünen Schleiern das Spanische Moos hing –, bis er die Auffahrt hinter sich gebracht hatte.

Am Ende des Weges, auf einer begrünten Anhöhe, stand das Haus. Es war ein stattliches, weitläufiges Gebäude mit hohen Giebeln und einem vornehmen, von Säulen gestützten Portikus, wie er vor dem Bürgerkrieg für die Herrenhäuser des alten Südens typisch war. Mit keinem Geld der Welt ließe sich heutzutage ein solches Haus noch bauen.

Vor dem Eingang rollte die Limousine aus. Pik Van Cleave hatte wie ein Majordomus unter den Säulen Posten bezogen. Unter seinem Arm klemmte ein dicker Aktenordner.

Der Fahrer des Wagens, ein stämmiger Schlägertyp, dessen ausladende Muskulatur die schwarze Livree zu sprengen drohte, stieg aus. Er blickte sich um, musterte Van Cleave und überprüfte den Bereich rund um das Haus. Zufrieden, daß niemand weiter zu sehen war, öffnete er die hintere Tür.

Auf den ersten Blick sah Ismal Zenan so aus, wie er gerne wirken wollte: ein ungeheuer reicher Geschäftsmann, ein belesener und charmanter Kunstmäzen, ein Sportsmann und Gestütsbesitzer, ein Freund und Vertrauter aller Mächtigen auf drei Kontinenten. Hinter der eleganten Fassade jedoch verbargen sich ein schwarzes Herz, eine ordentliche Portion Brutalität und die raubtierhaften Instinkte eines Mannes, der einst als armer Schlukker in einem Beiruter Slum geboren worden war.

»Sie haben sich verspätet, Mister Zenan«, sagte Van Cleave. »Mister Fouchon schätzt Pünktlichkeit. Er betrachtet dies als Charaktereigenschaft eines aufrechten Mannes.«

Weder Zenan noch sein bezahlter Schläger mochten glauben, daß sich jemand erdreistete, den Milliardär so respektlos zu behandeln. Den Bruchteil einer Sekunde lang ließ Zenan die vornehme Maske fallen, und ein gemeiner Zug trat um seine Mundwinkel. Dann verschwand er genauso rasch wieder.

Zwar hatten Van Cleaves Worte beide Männer verärgert, doch bedurfte es nur eines Blickes in Van Cleaves Augen, und beide Besucher waren davon überzeugt, daß der Südafrikaner sie in Sekundenschnelle mit Freude töten und danach seelenruhig schlafen gehen könnte.

»Ich lasse Mister Fouchon um Vergebung bitten«, sagte Zenan. »Ich hoffe doch sehr, er ist noch hier. Er *hat* doch gewartet?«

Er sprach mit einem leichten britischen Akzent, der, wie er behauptete, von seinem Doktorandenjahr am Balliol-College zu Oxford herrührte. In Wirklichkeit hatte Zenan nicht mehr als rudimentäre Schulbildung genossen, und den Akzent verdankte er nicht Oxford, sondern den weitaus teureren Bemühungen eines Sprachlehrers in London. Eigentlich beherrschte er den Akzent auch nicht besonders gut, so daß er für gewöhnlich darauf verzichtete, wenn er wütend oder ängstlich war.

Van Cleave nickte kaum wahrnehmbar. »Das hat er.«

»Würden Sie mich dann zu ihm bringen?«

»Nein. Sie müssen sich vorerst mit mir begnügen, Mister Zenan.«

»Muß ich das?«

»Wir sollten einen kleinen Spaziergang machen.« Zuvorkommend faßte der Südafrikaner Mr. Zenan am Arm und geleitete ihn zu der weitläufigen Rasenfläche vor dem Haus.

Der Fahrer und Leibwächter folgte ihnen in diskretem Abstand. Van Cleave warf einen mißbilligenden Blick über die Schulter. »Es ist wirklich nicht nötig, daß der Mann uns folgt«, sagte er.

Der Bodyguard blickte zu seinem Herrn wie ein Schäferhund, der auf einen Befehl wartet.

»Ist in Ordnung«, sagte Ismal Zenan. »Warten Sie beim Wagen.«

Gehorsam trabte der Bodyguard zum Auto zurück und rutschte hinter das Lenkrad. Doch er wandte nicht ein einziges Mal den Blick von den beiden Männern, die zwischen den sorgfältig gestutzten Hecken und Rosenbeeten spazierten und über den Tod redeten.

»Wie Sie wissen«, sagte Pik Van Cleave, »bietet Mister Fouchon einzigartige Dienste für sportbegeisterte Gentlemen, die in der Lage sind, das beträchtliche, aber für ein derartiges Unterfangen erforderliche Honorar aufzubringen.«

»Ja«, sagte Ismal Zenan. »Deswegen bin ich auch hier. Ich möchte etwas mehr erfahren über diese... Dienste.«

»Ich gebe Ihnen gerne Auskunft auf all Ihre Fragen, Mister Zenan.«

»Falls ich mich dazu entschließen sollte, mich Ihrer Dienste zu versichern... Wie erfolgt die Bezahlung?«

Van Cleave zog einen schmalen Papierstreifen aus der Jackentasche und reichte ihn Zenan. Mit einem Blick erkannte dieser, daß eine lange Reihe von Zahlen darauf geschrieben stand.

»Sie müssen dreihunderttausend Dollar auf diesem Konto der Bank of the Cayman Islands hinterlegen«, sagte Van Cleave. »Ich muß Sie allerdings warnen. Sie dürfen mich weder anrufen noch bei irgendeinem Telefongespräch Bezug auf diese Vereinbarungen nehmen. Unsere Abmachungen müssen streng vertraulich sein. Das ist für beide Seiten sicherer. Gewiß verstehen Sie, wie wichtig das ist.«

»Und was erhalte ich für das Honorar?«

»Ich glaube, Sie werden zufrieden sein«, sagte Van Cleave mit einem schmalen Lächeln. »Man wird Ihnen einen Führer stellen, Spürhunde und die Waffe Ihrer Wahl. Darüber hinaus beseitigen wir die Leiche und versorgen Sie mit einem hieb- und stichfesten Alibi. Ist das akzeptabel?«

»Ich glaube, schon.«

»Alles, was Sie tun müssen, ist zielen und schießen«, sagte Van Cleave. »Sämtliche unerfreulichen Begleiterscheinungen überlassen Sie uns.«

»Es gibt da noch etwas, was Sie mir noch nicht mitgeteilt haben, Mister Van Cleave. Vielleicht das Allerwichtigste.«

»Und das wäre?«

»Auf *wen* ziele und schieße ich?«

»Ah. Ganz wie Sie wünschen, Mister Zenan.« Er tippte auf den Aktenordner, den er dabeihatte. »Das ist unser Katalog von Freiwilligen.« Er reichte Zenan die Mappe. »Bitte. Werfen Sie einen Blick hinein.«

Zenan nahm von Van Cleave die Mappe entgegen und blätterte darin. Es handelte sich um einen von Randal Poe sorgfältig zusammengestellten Katalog von Obdachlosen, Menschen, die am Tiefstpunkt angelangt waren und von der Gesellschaft mißachtet wurden. Aber es war keineswegs eine beliebige Auflistung Heruntergekommener und Abgehalfterter, denn sämtliche Männer in der Mappe hatten zwei Dinge gemein: Sie hatten keine näheren Verwandten, und jeder einzelne war irgendwann Angehöriger der Streitkräfte der Vereinigten Staaten von Amerika gewesen und verfügte über eine hervorragende Kampfausbildung.

Van Cleave und Fouchon behaupteten immer, es gehöre kein großes Können dazu, einen normalen Mann zu jagen und zu töten – nicht einmal ein gewalttätiger Krimineller verfügte über die Überlebenstechniken eines einstigen Rangers oder eines ehemaligen Angehörigen der Special Forces, und dies mache die Jagd erst interessant. Und profitabel.

Aufmerksam studierte Mr. Zenan jedes Blatt, dann traf er einen Entschluß. Er deutete auf ein Foto. »Dieser.«

Van Cleave nickte. »Gute Wahl. Und jetzt gehen wir zu Mister Fouchon.«

Fouchon saß an dem großen Biemesderfer-Flügel und spielte eine verzwickte Klavierversion von Johann Sebastian Bachs »Das musikalische Opfer«. Es war ein kompliziertes, anspruchsvolles Stück, aber Fouchon spielte es mühelos, und er wußte das auch. Auf dem Flügel stand ein großer, goldverzierter Spiegel; alle paar Minuten bewunderte er sich darin. Er sah sich gerne beim Spielen zu.

Auf der Couch am anderen Ende des Zimmers saß ein zwielichtig wirkender Mann mittleren Alters, ein gewisser Dr. Morton. Er unterdrückte ein Gähnen, während er der Musik zuhörte. Kaum etwas langweilte ihn so sehr wie hohe Kultur – aber bei einem Mann, der so gefährlich war wie Fouchon, wagte er es nicht, seine Ansichten näher zu erläutern.

Im Spiegel sah Fouchon, daß Van Cleave und Zenan das Zimmer betraten, doch er spielte seelenruhig weiter.

Van Cleave nahm neben dem Klavier Platz. »Mister Zenan hat seine Wahl getroffen.« Er legte ein Blatt aus dem Aktenordner auf den Notenständer. »Es handelt sich um einen Schwarzen namens Elijah Roper. Er war früher bei den Special Forces. Drei Dienstzeiten in Vietnam, zwei Bronze Stars, drei Silver Stars. Ein echter Held.«

Fouchon beachtete das Blatt kaum. Ihm war es so gut wie gleichgültig, wen Zenan abzuschlachten gedachte. »Hervorragend... Dann nehme ich an, Sie wollen mit uns losziehen.«

Zenan lächelte kokett und stellte den Drink, den er gemixt hatte, in Fouchons Reichweite. »Sagen wir mal, ich habe darüber nachgedacht. Ernsthaft nachgedacht.«

Fouchon nickte. »Davon bin ich überzeugt.«

»Sind Sie das?«

»Natürlich. Wenn Sie nicht darüber nachgedacht hätten, wären Sie zweifellos nicht hier.« Die Oberstimme der Bachschen Fuge brach jäh ab, als Fouchon mit der rechten Hand zum Glas griff und an seinem Drink nippte.

»Tatsache ist doch«, fuhr Fouchon fort, »daß Sie ständig darüber nachdenken, nicht wahr, Mister Zenan?«

Nervös blickte Zenan erst zu Fouchon, dann zu Van Cleave und Morton. Fouchon hatte völlig recht. Es war, als habe er seine Gedanken gelesen. Seit er von Fouchons ausgefallenem sportlichen Angebot gehört hatte, erregte ihn der Gedanke an eine Menschenjagd derartig, daß er kaum noch schlafen konnte. Zenan hatte bereits auf sämtlichen Kontinenten gejagt, und er hatte schon jedes Tier – selbst gefährdete Arten – vor der Büchse gehabt, doch es gab nichts, was sich mit der Pirsch auf die ultimative Jagdbeute vergleichen ließ.

»Ich bin daran interessiert«, sagte er. »Aber ich bin sicher, die Regierung hat eine weniger positive Meinung von Ihren Unternehmen.«

Fouchon zuckte mit den Achseln. »Es war immer das Privileg einer Minderheit, die Masse zu jagen. Soldaten, Polizisten, Jagdflieger. Menschen, die für die Regierung töten, bleiben straffrei, weil sie es im offiziellen Auftrag tun.«

Zenan beugte sich gespannt vor, und offensichtlich war es nicht die Musik, die ihn faszinierte.

»Und wir«, fuhr Fouchon fort, »tun nichts anderes, als Privatpersonen die gleiche Möglichkeit zu bieten.«

Zenan trank einen Schluck. »Diese Leute, wie Roper, sind das Freiwillige?«

»Mehr oder weniger«, erklärte Fouchon. »Sehen Sie, die gleiche Regierung, die Mord zu ihrem Monopol erklärt hat, bildet unsere Zielobjekte aus. Wir jagen ausschließlich Kriegsveteranen. Männer, die über das notwendige Können verfügen, damit unsere Jagd interessant verläuft.«

»Aber was ist mit der Polizei?« fragte Zenan. »Ich bin sicher, die wäre sehr interessiert, wenn sie von Ihrem ausgefallenen kleinen Geschäft erfahren würde, nicht wahr?«

Fouchon hörte abrupt auf zu spielen, klappte ein silbernes Zigarettenetui auf, entnahm ihm eine Zigarette und zündete sie an. Träge kräuselte der Rauch aus seinem Mund. »Es ist keineswegs ein Zufall, daß wir uns in New Orleans niedergelassen haben. Aufgrund der mangelhaften Einsatzbereitschaft der Polizei sind unsere kleinen Jagdausflüge momentan besonders vielversprechend.«

Fouchons Augen strahlten. Es war offensichtlich, daß er mit seinem ausgefallenen Beruf seine Erfüllung gefunden hatte. »Unlängst führten wie unsere Jagd während des Karnevals in Rio de Janeiro durch. Davor nutzten wir die unerfreulichen Zeiterscheinungen in Jugoslawien.«

Mit einem strahlenden Lächeln griff er zu seinem Glas. »Irgendwo auf diesem Planeten gibt es immer eine unglückselige Ecke, wo wir unser harmloses kleines Geschäft betreiben können.«

Ismal Zenan nickte. »In Ordnung, Mister Fouchon, Sie haben einen neuen Kunden.« Er griff in die Innentasche seiner Jacke und zückte ein in Leder gebundenes Scheckheft.

»Ich habe sie bereits auf die Zahlungsmodalitäten hingewiesen, Mister Zenan«, warf Van Cleave ein.

»Natürlich.«

Fouchon hatte bekommen, was er wollte. Für ihn war die Begegnung vorüber. Mit einem schmalen Lächeln erhob er sich vom Flügel. »Ich bedanke mich für Ihren Besuch, Mister Zenan. Doktor Morton wird Sie zu Ihrem Wagen begleiten. Doktor Morton?«

Morton stellte augenblicklich seinen Drink ab, stand auf und wollte zur Tür gehen. Doch Zenan war offenbar noch nicht ganz soweit.

»Meine Bank wird die Überweisung innerhalb einer Stunde erledigen. Aber ich möchte wissen, wann es losgeht.«

Fouchon lächelte, doch seine Augen blieben kalt. »Mister Van Cleave wird sich an Sie wenden, sobald alle Vorbereitungen getroffen sind. Ich hoffe doch, dies ist in Ihrem Sinne.«

»Das ist es«, sagte Zenan. »Einen schönen Tag noch.«

Fouchon nickte seinem Kunden lediglich zu, als Dr. Morton ihn aus dem Musikzimmer geleitete. Kaum war die Tür hinter den beiden Männern ins Schloß gefallen, reichte Van Cleave Fouchon einen weiteren Aktenordner.

»Ich dachte mir, du möchtest vielleicht einmal einen Blick darauf werfen.«

»Was ist das? fragte Fouchon, während er die Blätter überflog. »Ah. Ich verstehe.« Bei den Papieren handelte es sich um Unterlagen über Chance Boudreaux' Militärdienst im Marine Corps der Vereinigten Staaten. »Unser Freund, Mister Boudreaux.«

Fouchon blätterte beim Lesen vor und zurück. »Sehr eindrucksvoll. Feindaufklärung für die Marineinfanterie. Spezielle Waffenausbildung. Sabotageeinsätze. Silver Star. Sehr hübsch.«

Van Cleave informierte ihn über alles weitere. »Nach seinem ehrenhaften Abschied vom Marine Corps fuhr er eine Zeitlang bei der Handelsmarine. Vor sechs Monaten wurde sein Seemannspatent eingezogen. Seitdem ist er vom Pech verfolgt.«

Fouchon hob eine Augenbraue. »Wodurch verlor er sein Patent?«

Van Cleave lächelte. »Seine letzte Fahrt führte nach Hongkong, und dort entdeckte er, daß der Kapitän sich von Flüchtlingen für deren Überfahrt nach Amerika bezahlen ließ – um sie dann im Hafen sitzenzulassen. Als Boudreaux das herausfand, warf er den Mann über Bord.«

»Oh«, sagte Fouchon grinsend. »Ein *Idealist*.«

»Der Kapitän schaffte es zwar schwimmend nach Kowloon, konnte ihn aber nicht anzeigen – in der Kronkolonie Hongkong gilt Flüchtlingsschmuggel als schweres Verbrechen. Aber er konnte Boudreaux bei der Seemannsgewerkschaft anschwärzen.«

Fouchon reichte Van Cleave den Ordner zurück. »Offensichtlich handelt es sich hier um eine Person, die wir keinesfalls unterschätzen dürfen.«

»Er stellt immer noch Fragen nach unserem letzten Freiwilligen. Diesem Binder.«

Fouchon nahm wieder am Flügel Platz und spielte leise ein paar Takte. »Wie unglückselig«, sagte er seufzend. »Schicke ein paar Leute hin und laß sie mit ihm reden, nicht wahr, Pik?«

Van Cleave lächelte. »Aber mit Vergnügen.«

Elftes Kapitel

Chances Apartment bestand aus einem Wohnzimmer, einer winzigen Küche sowie einem noch kleineren Schlafzimmer und befand sich in einem unweit der Docks gelegenen alten Haus. Die Wohnung war nicht gerade großartig, aber eine bessere konnte sich Chance nicht leisten. Immerhin war sie billig, und da er ohnehin so gut wie nie zu Hause war, gab er sich damit zufrieden.

Nachdem er sich vor dem Hotel von Nat getrennt hatte, kehrte er in seine bescheidene Bleibe zurück, machte es sich mit einem Glas Rotwein und einer Zigarette auf seiner verschlissenen alten Couch bequem und las die Akte, die Detective Carmine Mitchel ihm im Leichenschauhaus gegeben hatte. Der trockene, sachliche Text verriet ihm nicht viel – mit Sicherheit jedenfalls lieferte er ihm keinerlei Beweise, die seinen Verdacht untermauerten, dieses nagende Gefühl, daß es in diesem Fall um mehr ging als um einen einfachen Brand, bei dem ein Mensch ums Leben gekommen war.

Nach einer Weile legte er die Akte beiseite, goß sich noch etwas Wein in sein einfaches Wasserglas und zündete sich eine Zigarette an. Er starrte vor sich hin und lauschte dem Regen, der an die schmutzigen Fenster pladderte. Ein ums andere mal betastete er den einzigen Gegenstand, der der Polizeiakte beigelegt war – eine einzelne Hundemarke. Sie hatte Doug Binder gehört. Sein Name, seine Sozialversicherungsnummer, Blutgruppe und Religionszugehörigkeit waren in das Metall eingraviert.

Chance hörte ein Geräusch am Fenster, schaute hin und sah einen Kater, der am Sims saß und sehnsüchtig zu ihm hereinstarrte. Chance schob das Fenster hoch, und der Kater sprang in das Zimmer und rollte sich auf seinem Schoß zusammen.

Lächelnd blickte Chance auf den Kater hinunter.

»Na«, sagte er, »siehst du, wie's einem geht? Da will man rasch mal seine Freundin besuchen und landet mitten im Regen.«

Zufrieden schnurrte der Kater unter Chances Händen. Es war ein reinrassiger Siamkater, der ein teures Lederhalsband trug. Das hier war kein Streuner aus dem French Quarter, sondern ein kostbares Haustier, das Lust auf ein Abenteuer gehabt hatte.

»Macht sich dein reiches Frauchen keine Sorgen um dich?« Chance sah nach, ob eine Adresse am Halsband hing. Er entdeckte ein doppeltes Blechschild, das seinen Besucher als Mr. Chow auswies, dahinter eine Adresse in einem teuren Stadtteil.

»Ist schon komisch, Mister Chow«, sagte Chance. »Daß ein Kater wie du 'ne Hundemarke tragen muß.«

Dann fiel ihm plötzlich etwas ein. Soldaten trugen eine doppelte Hundemarke; sollte der Mann ums Leben kommen, blieb eine an der Leiche, und die andere wurde von den überlebenden Jungs mitgenommen und bei der Gräberregistratur abgegeben. Die alten Hasen, die Chance während seiner Dienstzeit kennengelernt hatte, hatten immer ein kurzes, aber bezeichnendes Gebet auf Lager: *Möge meine Hundemarke nie getrennt werden.*

Doug Binders Hundemarke war getrennt worden, und Chance bezweifelte, daß dies absichtlich geschehen war. Wo also, fragte er sich, war der andere Teil? Und würde es ihm etwas bringen, falls er ihn finden sollte? Tja, entschied er, den Versuch war's jedenfalls wert.

Er stand abrupt auf. »Komm, Cheri«, sagte er zu dem Kater. »Ich bring dich heim, und danach geh ich die andere Hundemarke suchen. Was sagst du dazu?«

Chance übergab dem Portier des protzigen Hauses in der Innenstadt seinen ungebetenen Gast und verabschiedete sich wieder, ohne auf die Belohnung zu warten. Danach begab er sich vom teuersten Teil der Stadt unmittelbar in den heruntergekommensten.

Das ausgebrannte Lagerhaus, in dem man Doug Binders Leiche gefunden hatte, war von Tatortabsperrungen der Polizei umgeben und mit Hinweisschildern versehen, wonach das Übertreten der Markierungen streng verboten war. Chance beachtete die Schilder nicht, sondern duckte sich unter dem Absperrband hindurch und ging in das Gebäude. Mit knirschenden Schritten lief er durch die verkohlten Trümmer und fand mühelos die Ecke, in der Binder nach Aussage der Polizei gestorben war. Sie war ebenfalls mit Absperrband gekennzeichnet, und auf dem geschwärzten Boden war mit weißer Kreide der ungefähre Umriß eines Körpers markiert.

Er kniete sich hin und wühlte mit den Händen im Schutt, bis seine Finger auf etwas Hartes, Flaches und Rechteckiges stießen. Chance holte die Marke aus dem Schmutz und wischte sie ab. Sie war mit der anderen identisch – mit einem Unterschied. In dem Metall war ein großes, dreieckiges Loch.

»Bingo«, stieß Chance leise hervor.

Im nächsten Augenblick kämpfte er um sein Leben. Eine Drahtschlinge legte sich um seinen Hals und riß ihn heftig nach hinten, so daß er in die verkohlten Trümmer geschleudert wurde. Torkelnd kam er wieder auf die Beine und stellte sich seinen Angreifern.

Es waren zwei Männer, und einer von ihnen hatte eine Hundefängerstange – einen langen Aluminiumstab mit einer Drahtschlinge an der Spitze, die nun um Chances Hals geschlungen war. Sein Begleiter hatte einen Baseballschläger in der Hand.

»Hallo, Fido«, sagte der Typ mit der Stange.

Der Draht lag so eng um Chances Hals, daß er ins Fleisch schnitt. Vergeblich riß er mit den Fingernägeln daran – er ließ sich nicht lockern.

Der andere Typ hieb mit dem Baseballschläger auf die Stange, und Chance wurde in die Knie gezwungen.

»Sitz!« befahl er.

Doch ehe Chance sich versah, schlug er erneut mit der Keule zu, und diesmal erwischte sie ihn an der Brust. Ein plazierter Volltreffer mitten in die Rippen.

»Wir sind hier, weil du ein böses Hundchen gewesen bist. Verstanden?« brüllte der Typ mit der Keule Chance an. »Ein böser Hund, der in Sachen rumschnüffelt, die ihn nichts angehen.«

Und um seiner Drohung Nachdruck zu verleihen, holte er erneut mit dem Schläger aus und erwischte Chance schmerzhaft an der Schulter. Einfach auf dem Boden zu liegen und verdroschen zu werden ging ihm gewaltig gegen den Strich. Verzweifelt versuchte er, auf die Beine zu kommen, doch der Typ mit der Stange zwang ihn wieder zu Boden. Erneut kam die Keule heruntergesaust und traf seinen Körper, wie um die drohenden Worte zu unterstreichen.

Chance konnte nichts weiter tun, als sich so gut wie möglich einzurollen und die Schläge wegzustecken.

»Nur ein freundschaftlicher Rat, Boudreaux. Hau aus der Stadt ab, okay? Heute noch. Und sag deiner Tussi, sie soll die Titten nach Norden richten und Gas geben. Kapiert?«

Chance blutete, war zerschlagen und halb bewußtlos.

»He!« rief der Typ mit der Stange und riß Chances Kopf vom Beton hoch. »Er fragt dich, ob du's kapiert hast.«

Chance brachte nur ein Stöhnen heraus.

Der Typ mit dem Schläger beugte sich über ihn. »Nächstes Mal bitten wir dich nicht so höflich.«

Zum Abschied trat der Typ mit der Stange Chance noch einmal gegen den Kopf.

Als er wieder zu Bewußtsein kam, saß er in einem Polizeiwagen und trug Handschellen. Ein Polizist beugte sich über ihn.

»Was... was ist los?«

»Sie sind festgenommen.«

»Festgenommen?« stöhnte Chance. »Weshalb?«

»Wegen unbefugten Betretens.«

Danach verlor Chance wieder das Bewußtsein.

Ein Polizeiarzt verband Chances Wunden und übergab ihn dann einem Polizisten in Uniform, der ihn zur Kriminalabteilung führte. Carmine Mitchel, die eine Zigarette rauchte, erwartete ihn im Mannschaftsraum. Sie machte nicht gerade einen fröhlichen Eindruck, als sie ihn sah.

Chance lächelte sie an. »Nett, Sie wiederzusehen, Cheri.«

Carmine Mitchel fand sein Draufgängertum offenbar nicht lustig. »Sie üben anscheinend eine besondere Anziehungskraft auf Gewalt aus, Mister Boudreaux.«

Chance zuckte mit den Achseln. »Deswegen bin ich aber noch lange kein übler Kerl, oder?«

Der Polizist in Uniform schloß die Handschellen auf und warf einen großen braunen Briefumschlag vor Carmine Mitchel auf den Tisch. »Das wär's dann, Detective. Anzeigenformular und die persönliche Habe des Festgenommenen.«

»Weshalb hat man mich denn festgenommen?« fragte Chance spöttisch. »Etwa, weil ich ohne Erlaubnis verprügelt worden bin?«

»Überhaupt nicht lustig«, versetzte Mitchel säuerlich.

In diesem Augenblick kam Nat in den Mannschaftsraum gestürzt. Als sie Chance sah, sperrte sie den Mund auf. Sie starrte ihn fassungslos an. »Man hat mich im Hotel angerufen. O mein Gott, Sie sehen ja furchtbar aus! Was ist denn passiert?«

»Bitte, Cheri«, sagte er. »Sie verletzen meine Gefühle.« Mit schmerzverzerrtem Gesicht ließ er sich auf einen Stuhl sinken. »Und die sind so ziemlich das einzige, was mir nicht weh tut.«

Carmine zog an ihrer Zigarette und hob ein gelbbraunes Blatt von ihrem Schreibtisch auf. »Das hier ist ein Anzeigenformular. Absichtliches Überschreiten einer polizeilichen Absperrung gilt als unbefugtes Betreten. Kapiert, Boudreaux?«

»Yeah«, sagte er. »Der Kollege im Auto war so freundlich und hat's mir erklärt.«

Chance riß den Umschlag mit seiner persönlichen Habe auf. Drei Dollar und ein Schweizer Offiziersmesser.

»Was haben Sie in dem Lagerhaus gemacht?« wollte Carmine Mitchel wissen.

»Sie haben doch am Brandort eine Hundemarke gefunden, richtig?«

»Ja? Und?«

»Tja, normalerweise sind die immer doppelt, stimmt's?« Also bin ich noch mal hin, weil ich nachschauen wollte, ob ich die andere finde.«

Chance wühlte unten in dem Umschlag herum, in dem sich das Geld und sein Messer befunden hatten.

»Was haben Sie dabei herausgefunden?« fragte Nat.

»Ich hab rausgefunden, daß Ihr Vater nicht bei dem Brand umgekommen ist.«

»Sondern?«

»Er wurde ermordet.«

»Das ist ja lächerlich«, sagte Carmine Mitchel unwillig. »Im gerichtsmedizinischen Bericht stand nicht der geringste Hinweis darauf, daß etwas faul an der Sache ist. Das wissen Sie doch.«

»Okay. Der Leichenwagen liefert einen verbrannten Obdachlosen ab. Und der Gerichtsmediziner entdeckt keinerlei Anzeichen von Gewaltanwendung an der Leiche, weil er gar nicht danach sucht.«

»Deswegen haben Sie noch lange keinen Beweis«, sagte die Kriminalpolizistin.

Chance zog die geschwärzte Hundemarke aus dem Umschlag und warf sie auf Carmine Mitchels Schreibunterlage. »Da ist einer.«

Die Polizistin untersuchte die Hundemarke, dann reichte sie sie Nat.

»Das Loch in der Marke«, erklärte Chance, »wurde von

etwas sehr Scharfem und Hartem verursacht, und ich wette, daß es entstand, als Doug Binder sie noch trug.«

»Ist das etwa Ihr Beweis?«

Chance lächelte. »Yeah. Von der Tatsache mal abgesehen, daß mein unbefugtes Eindringen zwei Zeitgenossen derart auf die Palme gebracht hat, daß sie mich halbtot geschlagen haben.«

Carmine Mitchel lehnte sich auf ihrem Stuhl zurück. »Und warum, glauben Sie, sollte sich jemand die Mühe machen und einen Obdachlosen umbringen? Und danach ein Gebäude abfackeln, um es zu vertuschen?«

»Dann glauben Sie uns jetzt also?« sagte Nat.

Carmine stand auf, um zu verdeutlichen, daß sie im Augenblick keine Zeit hatte, sich länger mit dem Thema zu befassen. Ihr scheinbares Desinteresse ärgerte Nat.

»Schaut«, sagte Carmine, »hier unten drehen sich die Räder ein bißchen langsamer, aber sie *drehen* sich. Ich werde noch eine Autopsie verlangen. Die Hundemarke könnte dabei nützlich sein.«

»Und was machen wir in der Zwischenzeit?« fragte Nat wütend. »Wir können doch nicht einfach herumhocken und Däumchen drehen.«

»Genau das würde ich euch aber raten. Mit diesen Leuten ist nicht zu spaßen. Boudreaux kann von Glück sprechen, daß er noch lebt. Egal, was ihr unternehmt, ihr handelt euch lediglich Ärger ein. Vielleicht wär's sogar ganz klug, wenn Sie nach Hause fahren würden.«

»Ich will diejenigen ausfindig machen, die meinen Vater getötet haben«, versetzte Nat hitzig.

»Und ich möchte sichergehen, daß die Sie nicht zuerst ausfindig machen«, entgegnete Carmine. »Diese Leute darf man nicht auf die leichte Schulter nehmen.«

»Nun, vielleicht müssen diese Leute begreifen, daß sie mit so etwas nicht davonkommen. Sie müssen begreifen, daß es jemanden gibt, dem Doug Binder nicht egal ist.«

Carmine Mitchel sah der jungen Frau in die Augen. »Mir ist er nicht egal.«

Nat dachte nicht daran nachzugeben, sondern hielt dem Blick der Polizistin stand. »Heißt das, daß Sie den Fall neu aufrollen?« wollte sie wissen.

Chance hatten die beiden Frauen offenbar vergessen. Er blickte von der einen zur anderen, während sie einander beharkten. Es war, so fand er, als beobachte man zwei wütende Tennisprofis bei einem schnellen Ballwechsel. Einen Augenblick lang wirkte es, als trügen sie ein verbissenes Match aus.

»Ich kann Sie ja anrufen, sobald ich was erfahren habe.« Sie griff nach ihren Zigaretten. »In der Zwischenzeit könnten Sie was für mich tun.«

»Und zwar?«

Carmine Mitchel ergriff Chances frisch ausgefülltes Anzeigenformular und warf es in den Papierkorb. Sie deutete mit dem Daumen auf ihn. »Schaffen Sie ihn hier raus.«

Chance bemühte sich nach Kräften, so zu tun, als habe er keinerlei Schmerzen, obwohl er in Wahrheit das Gefühl hatte, sein ganzer Körper stehe in Flammen. Er war schon in manch eine Auseinandersetzung verwickelt gewesen, aber noch nie hatte er erlebt, daß ihm buchstäblich jedes *Haar* weh tat.

Nat half ihm bis zu seiner Wohnung. »Sie hätten wirklich einen Arzt aufsuchen sollen.«

»Sind Sie schon jemals am Samstagmorgen um zwei in New Orleans in der Notaufnahme gewesen?«

Nat schüttelte den Kopf. »Nein.«

Chance schloß seine Wohnungstür auf. »Tja, ich schon. Und wenn's Ihnen nichts ausmacht, setz ich mich, glaube ich, lieber auf meine Couch und leide einfach ein Weilchen.«

»Sie haben eine ziemlich üble Schramme auf der Stirn. Die müssen Sie von jemandem behandeln lassen.«

Chance knipste das Licht in seiner Wohnung an. »Ist nicht toll hier«, sagte er. »Aber allemal besser, als jeden Tag unter 'ner Brücke zu pennen.«

Nat achtete kaum auf die Umgebung. »Ich werde mich um die Wunden kümmern«, verkündete sie. Sie suchte herum, bis sie auf das Badezimmer stieß, wo sie im Medizinschränkchen herumwühlte, etwas Jod, einen Wattebausch, Desinfektionsmittel und Heftpflaster entdeckte.

»Ziehen Sie Ihr Hemd aus und setzen Sie sich hin«, befahl sie.

Chance streifte das Hemd über den Kopf und goß sich einen Schuß Rotwein in den Becher, der noch auf dem Tisch stand.

»Ich glaub, ich genehmige mir erst ein bißchen was gegen den Schmerz.« Er hielt Nat die Flasche hin. »Möchten Sie auch was?«

»Nein, danke.« Sie musterte die Abschürfungen und tränkte dann den Wattebausch mit Wasserstoffperoxid. Sie preßte den Bausch an die durch den Draht verursachten Wunden an Chances Hals.

Er zuckte zusammen und vergoß etwas Wein. »Aua! das brennt ja wie der Deibel.«

»Seien Sie nicht so zimperlich.« Sie tupfte weiter seine Schrammen ab. »Die hier müßte eigentlich genäht werden.«

Chance kippte einen weiteren Schluck Wein. »Nee, ist schon alles in Ordnung so. Wird schon wieder werden.«

Nat nahm sich Schramme um Schramme, Wunde um Wunde vor. »Glauben Sie, daß Sie ein Schiff bekommen werden?«

Chance mußte sich eingestehen – auch wenn er es gegenüber niemand anderem zugegeben hätte –, daß er sich nach Nats Behandlung allmählich besser fühlte. Er nickte.

»Kann sein. Ich hab grade mein Patent zurückgekriegt. Jetzt muß ich bloß noch mit der Gewerkschaft ins reine kommen.«

Nat pinselte seine Hände mit Jod ein. »Wodurch haben sie Ihr Patent verloren?«

Lächelnd trank Chance einen weiteren Schluck Wein. »Tja, die ist sozusagen über Bord gegangen.«

Chance beobachtete sie, während ihre Finger auf der Suche nach weiteren Schrammen und Abschürfungen über seinen Körper wanderten. Plötzlich blickte sie auf und ertappte ihn dabei, wie er sie anstarrte. Er blickte nicht weg. Sie auch nicht.

»Lebt Ihre Familie hier in New Orleans?«

»Nicht in der Stadt«, sagte er. »Ich hab 'nen Onkel unten in Pointe de Chien.«

»Wo sind Ihre Eltern?« fragte Nat.

»Die hab ich nie kennengelernt«, sagte er leise. Das Thema schmerzte ihn auch jetzt noch. Aber er wollte, daß sie Bescheid wußte. »Ich bin bei meinem Onkel aufgewachsen. Er ist ein prima Kerl. Ein guter Vater.«

»Und ich habe eine gute Mutter«, sagte Nat.

»Was ist mit Ihnen? Woher stammen Sie?«

»Von New Orleans aus gesehen etwa so hoch aus dem Norden, wie es nur geht«, sagte sie mit einem leichten Lachen. »Von droben aus Michigan.«

»Jawoll«, sagte Chance. »Das ist wirklich droben im Norden. Da bin ich noch nie gewesen. Ziemlich kalt dort, nehm ich an.«

Nat nickte. »Es ist wunderschön. Auf der Upper Peninsula gibt es Stellen, die sind einfach... völlig unberührt. Meine Mutter hatte ein Haus in Grand Marais... Das sollten Sie mal im Sommer sehen.« Nats Stimme verlor sich.

Sie sahen einander jetzt tief in die Augen. Überscharf nahmen sie jede Bewegung, jeden Hauch wahr. Ihr Atem ging schwer.

»Manchmal sprangen einem die Forellen mitten ins Boot«, sagte sie leise.

Sie wurden zueinander hingezogen, waren sich der Hitze bewußt, die ihre Körper ausstrahlten, und der Botschaft, die ihre Augen einander übermittelten.

»Vielleicht übertreibe ich auch... ein bißchen.«

Chance beugte sich vor und küßte sie, zuerst leicht, doch dann schlang sie die Arme um seinen Nacken und drückte ihn an sich. Der Kuß wurde intensiver, und sie preßten die Lippen aufeinander und waren auf dem besten Wege, sich einander hinzugeben.

Dann, im letzten Augenblick, zog Nat sich zurück. »Ich... ich glaube... ich glaube, es ist besser...« Atemlos musterte sie sein Gesicht. »Ich glaube, ich gehe jetzt besser in mein Hotel.« Doch sie mochte sich nicht von ihm trennen, wollte ihn unbedingt noch einmal küssen. Dann zwang sie sich dazu, aufzustehen und sich von ihm loszureißen.

»Ich wollte nicht, daß es soweit kommt«, sagte sie.

Chance stand ebenfalls auf und griff nach seinem Hemd. »Kann niemand was für«, sagte er mit rauher Stimme.

Nat wandte sich zur Tür. »Ich glaube, ich gehe jetzt lieber.«

Chance blickte sie mit brennenden Augen an. Er wollte sie bitten zu bleiben, fand aber nicht den Mut dazu. »Okay.«

Nat öffnete die Tür. »Vielen Dank. Ich danke Ihnen für alles, was Sie für mich getan haben.«

Rasch knöpfte Chance sein Hemd zu. »Ich bring Sie heim.«

»Nein«, sagte sie. »Nein. Ich komme schon zurecht. Bitte. Ich meine das wirklich. Gute Nacht.« Sie gab ihm keine Gelegenheit zu protestieren. Sie huschte aus der Tür und schloß sie, bevor er auch nur ein Wort sagen konnte.

»Verflucht«, sagte Chance. Er schritt eine Weile in seiner Wohnung auf und ab, dann ließ er sich auf die Couch sinken und griff nach seinem Weinglas. Aber der Wein schmeckte ihm nicht mehr.

Einen Augenblick später ging die Tür wieder auf, und Nat spähte herein. »Ich... habe es mir anders überlegt«, sagte sie zaghaft.

Chance lächelte. »Das soll manchmal vorkommen.«

Sie schloß die Tür hinter sich, ging auf ihn zu, ließ sich auf seinem Schoß nieder und hob ihm die Lippen entgegen. »Ich bin froh, daß es manchmal vorkommt.«

Zwölftes Kapitel

Jedesmal, wenn Randal Poe sich selbst leid tat, wenn er von Weltschmerz übermannt wurde, gönnte er sich eine kleine Freude und unternahm einen Abstecher zu seinem Lieblingsmassagesalon. Er suchte stets denselben Laden auf, was den dort arbeitenden Mädchen gar nicht paßte, da Poe drei Eigenarten hatte, die die Mädchen am allerwenigsten ausstehen konnten: Er war häßlich und, schlimmer noch, er war geizig; am ungeheuerlichsten aber war, daß er zusätzlich zu den in dem Etablissement gebotenen Diensten tatsächlich eine Massage erwartete.

Der Ablauf änderte sich so gut wie nie. Poe betrat das

eher schmierige Etablissement und wählte sein Opfer aus. Das Mädchen führte ihn daraufhin zu der verhängten Massagekabine, wo er sich auszog, in ein Laken wickelte, sich auf die gepolsterte Bank fallen ließ und zufrieden aufseufzte, sobald sich das Mädchen an seinem fetten Rükken zu schaffen machte.

Der einzige Unterschied zwischen diesem und den anderen Besuchen bestand darin, daß es diesmal zu einem kurzen Gespräch kam.

Das Mädchen bemerkte den dicken Verband an Poes Ohr und fragte: »Was ist mit Ihrem Ohr passiert?«

Worauf Poe grummelte: »Stell keine Fragen.«

Sie träufelte ihm etwas Öl auf die Schulter und begann die schlaffe Muskulatur zu kneten, wollte den unappetitlichen Vorgang so rasch wie möglich hinter sich bringen. Allerdings mußte sie zugeben, daß es nicht leicht war, jemanden zu massieren, ohne daß man hinschaute. Dem Seufzen und Stöhnen nach zu urteilen, das Poe von Zeit zu Zeit von sich gab, schien er es dennoch zu genießen. Der Gesichtsausdruck der Masseuse verriet indessen, daß sie sich lieber einsperren lassen würde, als dies noch einmal machen zu müssen.

Poe nahm nichts wahr. Er hatte die Augen fest geschlossen und versuchte seine Schwierigkeiten zu vergessen, den Schrecken aus seinem Gedächtnis zu tilgen, der ihm in die Knochen gefahren war, als Van Cleave und Fouchon letzte Nacht in sein Schlafzimmer eingedrungen waren. Er wünschte, er hätte sich nie mit ihnen eingelassen – das Geld stimmte, aber er war nicht sicher, ob es die

Gefahr wert war. Die beiden Männer waren von Grund auf böse, und er wußte, daß sie ihn ohne jedes Zögern töten würden, wenn sie der Meinung waren, daß er aus dem Weg geschafft werden müsse.

Trotz seiner Furcht und Abscheu fühlte er sich allmählich etwas besser. Seine Muskeln waren entspannt, und er gönnte sich sogar ein kleines Nickerchen, bevor er sich umdrehen und über die intimeren Dienste verhandeln wollte, die in diesem Etablissement geboten wurden.

Doch dann meinte er eine kleine Veränderung wahrzunehmen. Die Massage wurde energischer, beinahe schmerzhaft. Er hob den Kopf und blickte über die Schulter. Er sperrte den Mund auf.

Das Mädchen war fort. An ihrer Stelle stand Chance da und grinste auf den fetten Mann herunter.

»Hallo, Randal«, sagte Chance. »Du hast mir gefehlt.«

Bevor Randal Poe reagieren konnte, hatte Chance ihn vom Tisch gerissen und knallte ihn gegen die Wand. Poe, noch immer in das Laken gewickelt, war so gut wie wehrlos. »O Gott«, stöhnte er. »Nicht schon wieder. Bitte.«

Chance wickelte das Laken um Poes Kehle und nagelte ihn an der Wand fest. »Sieht aus, als würde dir was am Ohr fehlen«, sagte Chance, »weshalb du ganz besonders aufmerksam zuhören solltest.« Nachdrücklich schlug er Poes Kopf an die Hand. »Schenkst du mir deine Aufmerksamkeit, Randal?«

»J-ja.«

»Gut. Und nun die erste Frage. Wer hat letzte Nacht die beiden Affen auf mich gehetzt?«

Randal Poe machte ein paarmal den Mund auf und zu, bevor er auch nur einen Ton herausbrachte. »Ich weiß nicht, wovon du sprichst.«

Chance zog das Laken um Poes Hals strammer. Es funktionierte wie eine Schlinge, drückte ihm die Kehle zu, würgte ihn. »In dieser Stadt gibt es eine halbe Million Menschen, Fattie«, knurrte Chance. »Und im Augenblick verschwendet kein einziger auch nur einen Gedanken an dich.«

Poe dachte einen Augenblick darüber nach. In einem hatte Chance sicher recht – wenn er überleben sollte, dann nur aus eigener Kraft, da in dieser Stadt, wenn nicht auf der ganzen Welt, niemand anders auch nur einen Pfifferling darauf geben würde, was mit ihm passierte. Van Cleave und Fouchon könnten ihn vielleicht irgendwann in ferner Zukunft umbringen wollen, Chance Boudreaux aber würde ihn *jetzt* und auf der Stelle umbringen. Man mußte Prioritäten setzen. Das Wichtigste zuerst, entschied Poe.

»Van Cleave«, preßte er heraus. »Sein Name ist Van Cleave. Er wollte dich aus dem Weg haben.«

»Wo kann ich den Kerl finden?« wollte Chance wissen.

»Weiß ich nicht«, stammelte Poe. »Ich weiß nicht, wo er wohnt. Er ist nicht mal Amerikaner!« Randal war außer sich. »Schau, der bringt mich um, wenn ich nicht tu, was er sagt. Bitte. Du mußt mir glauben. Das sind gefährliche Leute.«

Chance erstickte das Gefasel, indem er Poe das Laken

über den Kopf zog. Nun sah er aus wie ein zu kurz geratener, fetter Ku-Klux-Klanmann.

»Hör zu«, sagte Chance. »Richte deinem Freund Van Cleave aus, daß ich mich nicht dünne mache. Geh hin und bestell ihm, daß ich rausfinden werde, wer Douglas Binder umgebracht hat.«

Poe sagte nichts. Er zitterte unter dem Tuch, war sicher, daß er jeden Augenblick erstochen oder erschossen werden würde, ohne den tödlichen Schlag auch nur kommen zu sehen.

»Du kannst einfach nicken, wenn du kapiert hast«, sagte Chance.

Poe nickte.

»Gut so.« Chance riß den Mann von der Wand weg, schubste ihn aus der Kabine und ins Foyer des Massagesalons, wo er ihn in Richtung Tür stieß.

»Sag's ihm gleich!«

Poe kümmerte sich nicht darum, daß er unter dem Laken nackt war und seine Kleidung und Brieftasche zurückließ. Er war heilfroh, daß er eine letzte Chance bekam, und er gedachte sie am Schopf zu ergreifen. Das Laken wie eine Toga um den runden Leib geschlungen, rannte er auf den Ausgang zu.

Langsam folgte ihm Chance die Treppe zur Straße hinunter. Nat lehnte mit verwirrter Miene an der Motorhaube ihres Wagens. Chance gab sich ganz lässig.

»Und was sollte das nun wieder?«

»Was sollte *was* nun wieder?«

Nat zuckte mit den Achseln. »Ach, es passiert bloß nicht

alle Tage, daß ich einen fetten Mann in einem Bettlaken zu sehen kriege, der um sein Leben läuft.«

Chance lächelte. »Wenn du das schon für aufregend hältst, Cheri, dann wirst du den Mardi Gras *lieben.*«

Dreizehntes Kapitel

Carmine Mitchel stand zu ihrem Wort. Bei der erstbesten Gelegenheit ging sie mit ihrem neuen Beweismaterial im Fall Douglas Binder zum Büro des Gerichtsmediziners.

Der Pathologe war alles andere als froh, sie zu sehen, und noch weniger war er von dem Aktenordner begeistert, der Akte Douglas Binder, mit dem sie ihm vor der Nase herumfuchtelte. Er war ein Mann mit einem Doppelleben: Als Gerichtsmediziner der Stadt New Orleans war er ein bekannter Mann des öffentlichen Lebens, ein geachteter Bürger der Stadt. Seine Kollegen und Untergebenen hatten keine Ahnung, daß Dr. Morton darüber hinaus ein enger Vertrauter von Emil Fouchon war.

Gegenüber Carmine Mitchel gab er sich schroff. »Ich sagte Ihnen doch, ich sei beschäftigt, Detective.«

Sie tippte auf den Aktenordner und sagte in scharfem Tonfall: »Binder, Douglas C. Ich möchte, daß Sie sich die Leiche noch einmal ansehen.«

»Und warum sollte ich das tun?« Er klang genervt und

überarbeitet, doch im Grunde genommen hatte er Angst. Er hoffte nur, daß ihm die Furcht nicht anzumerken war.

Carmine Mitchel war nicht minder überlastet und durcheinander, wollte dies aber erledigt wissen. Sie hatte Natasha Binder ihr Wort gegeben, und auf ihr Wort konnte man sich verlassen.

»Wenn Sie mein Memo lesen, werden Sie feststellen, daß *das* hier am Tatort gefunden wurde.« Sie hielt die Tüte mit der durchlöcherten Hundemarke hoch.

»Am *angeblichen* Tatort«, korrigierte sie der Arzt rasch. Seine Pokermiene war nahezu ausdruckslos.

»Kommen Sie mir nicht mit –«

Dr. Morton fiel ihr ins Wort. »Sehen Sie, Detective, in dieser Stadt fallen im Jahr etwa sechshundert unnatürliche Todesfälle an.« Er stach mit dem Finger nach Carmine Mitchel. »Gar nicht zu sprechen von den natürlichen Todesfällen oder den Besoffenen wie Mister Binder, die in Häusern schlafen, die zufällig abbrennen.«

Doch es bedurfte mehr als eines wütenden Arztes, um Carmine Mitchel zum Nachgeben zu bringen.

»In dem Memo werden Sie auf Beweismittel aufmerksam gemacht, durch die Binders Tod zu einem Mordfall werden könnte. Sie können dementsprechend handeln, Doktor, oder es zu den Akten legen. Aber ich schwöre Ihnen, und wenn ich eine richterliche Anordnung für eine offizielle Untersuchung brauchen sollte, ich werde sie kriegen.« Mehr hatte Carmine nicht zu sagen. Mit einem letzten wütenden Blick auf den Arzt machte sie auf dem Absatz kehrt und verließ sein Büro.

Kaum war sie fort, sprang Dr. Morton auf, zog seine Aktenschränke auf und fing an, Ordner in seinen Aktenkoffer zu stopfen. Es war höchste Zeit, daß er seine Spuren verwischte.

Die Tür stand offen, als Fouchon zu Dr. Mortons Wohnung kam, und so trat er ein und ging von Zimmer zu Zimmer, bis er seinen Helfershelfer entdeckte, der vor dem Kamin im Arbeitszimmer kniete. Dr. Morton, den Schürhaken in der Hand, zerstieß gerade die Asche der ersten zum Vernichten bestimmten Akten. In dem Koffer neben seinem Ellbogen stapelten sich weitere Akten.

Er wollte gerade nach einem weiteren Ordner greifen, als er eine Bewegung hinter sich wahrnahm. Er drehte sich um, bemerkte Fouchon und sprang auf.

»Klopfen Sie eigentlich nie an!« Der Arzt klang nervös und ängstlich. »Wo haben Sie gesteckt? Ich habe den ganzen Tag versucht, Sie zu erreichen.« Er schritt zur Wohnungstür und schloß sie.

»Da bin ich nun«, sagte Fouchon. »Wissen Sie, daß es sehr unvorsichtig ist, die Tür nicht abzuschließen?«

Dr. Morton warf eine weitere Akte in die Flammen. »Wir haben andere Probleme.«

Fouchon schnalzte mit der Zunge. »Probleme, Probleme. Das Leben ist nun mal ein Jammertal, meinen Sie nicht auch?«

»Nun, Sie können Ihre Späße machen, wann immer Sie wollen, aber das hier bedeutet Ärger.«

»Worin genau besteht unser Problem?«

»Man will, daß ich die Autopsie an Binders Leiche wiederhole. Und damit haben wir den Schlamassel. Wenn Sie erst mal in Sachen Binder Verdacht schöpfen, könnte es sein, daß sie sich auch alle anderen noch einmal vornehmen wollen. Irgend jemand hat was vermasselt, aber ich war's jedenfalls nicht.«

Fouchon zeigte sich weder überrascht noch verärgert. »Nun, aller guten Dinge...«, sagte er seufzend.

»Was, zum Teufel, soll das nun wieder heißen?« fragte der Arzt.

»Es heißt, daß es so aussieht, als ob wir die Gastfreundschaft dieser reizenden Stadt etwas überstrapaziert haben. Die für heute nacht angesetzte Jagd wird unsere letzte in New Orleans sein.«

»Ah, gut«, sagte Dr. Morton besorgt und wütend zugleich. »Für Sie ist das einfach großartig... Sie ziehen einfach weiter. Und was soll ich machen?« Er bugsierte einen weiteren Ordner in die Flammen. »Was ist, wenn im Fall Binder eine offizielle Untersuchung angeordnet wird?«

Fouchon zuckte mit den Schultern. »Dann müssen Sie das Ganze eben mit allen Tricks und bürokratischen Verschleppungsmanövern hinauszögern. Eine leichte Übung für einen Südstaatenbeamten. Auf diese Weise wird doch in diesem Teil der Welt alles erledigt, nicht wahr?«

Als die Türklingel schellte, wäre der Doktor fast aus der Haut gefahren. Sein ganzer Kamin war voller brennender Dokumente – was sollte er tun, wenn es die Polizei war?

Fouchon nickte kurz. »Gehen Sie. Öffnen Sie die Tür.«

Dr. Morton zögerte einen Augenblick, dann ging er zur

Tür, schob den Riegel zurück, blickte aber erst durch den Spion, bevor er öffnete. Im selben Augenblick preßte Van Cleave auf der anderen Seite die Pistolenmündung an das Glas und drückte ab.

Die Kugel drang in Dr. Mortons Auge ein und warf den Arzt zurück, wobei Blut und graue Masse auf den Spiegel im Korridor spritzten. Dr. Morton war tot, noch ehe er den Boden berührte.

Van Cleave betrat die Wohnung und schraubte den Schalldämpfer von seiner Waffe. Den leblosen Körper beachtete er kaum.

»Was für ein komischer kleiner Kerl«, sagte er.

Fouchon trat vor den Spiegel, richtete, ohne das Blut und die Gehirnmasse auf dem Glas zu beachten, seine Krawatte und straffte langsam und pingelig den Knoten.

»Ich glaube, wir brauchen eine Luftveränderung, Pik. Allmählich bin ich dieses Tropenklima leid. Ich sehne mich nach gewellten Hügeln, kühler, klarer Luft, ein bißchen Geschichte... Schlösser, so in der Art.«

»Aber wir haben noch vier Kunden, die auf ihre Jagd in New Orleans warten. Sie kommen von überall auf der Welt. Was hast du vor?«

Fouchon zuckte mit den Achseln. Die Wünsche seiner Kunden interessierten ihn nicht sonderlich. »Oh, ich werde sie vertrösten, bis wir ein neues Revier gefunden haben.«

Van Cleave war damit beschäftigt, seine Fingerabdrücke vom Türknauf zu wischen. »Was hast du im Sinn?«

Fouchon war nun mit seiner Krawatte zufrieden und wandte sich zum Gehen. »Ich dachte an Osteuropa. Dort könnten wie jahrelang in Ruhe arbeiten.«

Vierzehntes Kapitel

Um Mitternacht befand sich Elijah Roper an der mit Randal Poe vereinbarten Stelle – auf der Krone eines niedrigen Deiches neben dem Mississippi, von wo aus man in der stillen, stockdunklen Nacht die Lichter der Stadt schimmern sehen konnte. Es war ein einsamer Ort, an dem es nach den schlammigen Fluten des Flusses und fauliger Vegetation roch. Wenn er die Augen schloß und die Stadt verdrängte, konnte sich Elijah gut in ein anderes tropisches Land versetzen, und er stellte sich vor, er befände sich wieder in Vietnam und schiebe Wache.

Plötzlich spürte er, wie sich seine Nackenhaare sträubten, und er drehte sich rasch um. Pik Van Cleave stand da und musterte ihn, während seine beiden bösartigen Rhodesischen Ridgebacks an ihren Würgehalsbändern zerrten, als könnten sie ihren Haß auf den Schwarzen kaum bezähmen.

Roper sprang auf. »Wer, zum Teufel, sind Sie?«

In diesem Augenblick tauchten zwei Scheinwerfer aus der Dunkelheit auf, und der Range Rover mit Fouchon am

Lenkrad und Ismal Zenan daneben fuhr vor. Links und rechts wurde das Fahrzeug von zwei Männern auf Motorrädern eskortiert.

Elijah, der die Augen vor dem hellen Licht abschirmte, versuchte zu erkennen, wer da kam. Fouchon rutschte hinter dem Lenkrad hervor und ging zu ihm.

»Wo steckt Poe?« wollte Elijah Roper wissen. »Er hat gesagt, ich soll mich heut nacht mit ihm hier treffen.«

»Mister Poe wird sich uns heute nacht leider nicht anschließen«, sagte Fouchon.

Elijah schüttelte fluchend den Kopf. Das war wieder mal typisch Randal Poe. »Hören Sie, er hat gesagt, er hätte heut nacht vielleicht Arbeit für mich.«

»Das könnte trotzdem möglich sein«, sagte Van Cleave eisig. »Das heißt, falls Sie nüchtern sind.«

Elijah dachte nicht daran, beleidigt zu reagieren. »Ich trinke nicht, Mister. Steh ich nicht drauf, könnt's mir auch nicht leisten, selbst wenn ich's wollte.«

Fouchon holte eine dicke, gutbestückte Geldkatze aus der Tasche seiner Jacke. »Sagen Sie, mögen Sie Sport, Mister Roper?«

Elijah schielte zu dem Range Rover und bemerkte Ismal Zenan, der gespannt zu ihm herblickte. Seine Augen glitzerten voller Vorfreude auf die Jagd.

»Sport. Wovon, zum Teufel, reden Sie? Was geht hier überhaupt vor?«

Fouchon lächelte nicht. »Wir möchten, daß Sie ein kleines Spiel mit uns bestreiten, Mister Roper.«

Noch während er sprach, riß er den Klettverschluß der

Geldkatze auf. Sie steckte voller Geldscheinbündel, die von einem Gummiband zusammengehalten wurden. »Das sind zehntausend Dollar. Sie gehören Ihnen... wenn Sie wollen.«

Elijah starrte auf das Geld. Er hatte noch nie so viel Geld auf einem Haufen gesehen, und das Wasser lief ihm im Mund zusammen, wenn er daran dachte, was er damit alles kaufen könnte. Gutes Essen, anständige Kleidung, eine warme, trockene Unterkunft.

»Was muß ich dafür tun?« fragte er leise und mit heiserer Stimme.

Fouchon verschloß die Geldkatze wieder. »Die Regeln unseres kleinen Spieles sind ganz einfach. Sie müssen lediglich zum Lake Ponchartrain gelangen. Das sind zehn Meilen quer durch die Stadt. Schaffen Sie es mit dem Geld bis zum Wasser, sind Sie um zehntausend Dollar reicher. Einfacher geht es nicht.«

Elijah war kein Narr. Niemand rückte aus purem Spaß dermaßen viel Geld heraus. Sein Überlebensinstinkt befahl ihm, so schnell wie möglich abzuhauen.

»Das ist doch Beschiß«, rief er. Elijah drehte sich um und wollte weggehen.

Fouchons Stimme klang gemessen, beherrscht, aber auch leicht drohend. »Vielleicht sind Sie ja auch wehleidig und genießen ihre erbärmliche Rolle, Mister Roper.«

Damit berührte er einen wunden Punkt. Elijah wußte, was er war, aber er versuchte wenigstens seine Würde zu wahren. Er drehte sich um und funkelte Fouchon wütend an. »Lassen Sie das!«

Doch Fouchon wußte, welche Knöpfe er drücken mußte. »Vielleicht macht es Ihnen ja nichts aus, im Regen zu schlafen. Vielleicht macht es Ihnen ja nichts aus, daß Sie sich stundenlang sinnlose Predigten anhören müssen, damit sie einen Teller Suppe bekommen. Vielleicht wühlen Sie ja gern in anderer Leute Müll herum, um ein paar Blechdosen zu finden.«

»*Leck* mich, Mann«, schrie Elijah. »Leck mich doch.«

»Sie könnten das alles ändern«, sagte Fouchon. »Innerhalb von ein paar Stunden. Heute nacht noch.«

Elijah blieb stehen und starrte auf die Geldkatze.

»Bedenken Sie, was Sie mit zehntausend Dollar tun könnten«, sagte Fouchon leise, verführerisch. »Sich saubere Kleidung kaufen, sich etwas zu essen besorgen. Aber was noch besser ist: Sie könnten den anderen wieder in die Augen sehen, wenn sie an Ihnen vorbeigehen. Sie wären kein erbärmlicher Bettler mehr.«

Fouchon war ein guter Menschenkenner, und er wußte, daß es vor allem die verlorene Selbstachtung war, die Elijah Roper am meisten schmerzte.

»Dieses Geld würde aus Ihnen wieder einen *Mann* machen, Roper. Sie könnten ein neues Leben anfangen. Wie viele von Ihren Brüdern auf der Straße bekommen denn schon so eine Chance geboten? Für die ist das Leben vorbei – für Sie könnte es von vorn anfangen. Es ist eine Chance, für die ein Mann, ein richtiger Mann, jemanden töten würde.«

Van Cleave mischte sich ein. »Zehn Meilen sind natürlich ein langer Weg, nichts für Schlappschwänze. Vielleicht schaffen Sie's einfach nicht.« Aus purer Berechnung forderte der Südafrikaner den einstigen Ranger der US-Streitkräfte heraus.

Roper funkelte ihn an. »Also, stellen wir das Ganze noch mal klar. Schaff ich's bis zum Fluß... dann krieg ich die Kohle, richtig?«

»Bis zum letzten Heller«, sagte Fouchon.

»Und was passiert, wenn ich's nicht schaffe?«

Van Cleave lächelte bösartig. »Sie sind doch Sportfan, Roper. Denken Sie mal drüber nach.«

Elijah ging zu Fouchon und griff nach der Geldkatze. »Okay«, sagte er und schnallte sie sich um die Taille. »Abgemacht.«

Fouchon nickte. »In fünf Minuten«, sagte er, »wird mein Partner die Hunde loslassen. Ich würde vorschlagen, Sie nutzen die Zeit und sehen zu, daß Sie bis dahin etwas Vorsprung gewinnen.«

Elijah nickte. »Wir sehn uns dann am Fluß.« Damit trabte er los und rannte in die Dunkelheit.

»Viel Glück«, sagte Fouchon.

Als Elijah in der Nacht verschwunden war, stieg Ismal Zenan aus dem Range Rover und eilte zu Van Cleave und Fouchon. Er trug ein AR-15-Sturmgewehr mit einem hochmodernen Nachtsichtgerät, lasergesteuertem Zielsucher und Schalldämpfer. Er hob die Waffe an die Schulter und nahm seine flüchtende Beute ins Visier.

Fouchon stieß die Waffe sacht beiseite. »Noch nicht. Wir sind hier in New Orleans, Mister Zenan«, sagte er, »und nicht in Beirut.«

Fünfzehntes Kapitel

Elijah Roper war seit fast einer Stunde unterwegs und hatte ein gutes Stück der Strecke zum Lake Ponchartrain hinter sich gebracht. Er hatte den Fluß an der Dryaez Bridge überquert und hielt nun auf das French Quarter zu. Es war spätnachts, aber er war einigermaßen sicher, daß ihm nichts mehr passieren würde, sobald er erst die hell erleuchteten, belebten Straßen im Herzen der Stadt erreicht hatte. Nicht einmal die Irren, die hinter ihm her waren, würden es wagen, ihn auf einer Hauptverkehrsstraße umzubringen.

Vom Quarter aus mußte er durch den dünn besiedelten Nordrand der Stadt, und dort rechnete er auch mit dem letzten Versuch, ihn zu töten.

Doch erst mußte er über den weitläufigen katholischen Friedhof, der ihn von der Stadt trennte. Der schwammige Sumpfboden, auf dem New Orleans gebaut ist, eignet sich nicht zum Beerdigen der Toten, daher ruhen die meisten in ebenerdigen Steinsarkophagen, die mit kunstvoll behauenen Statuen verziert sind: weinende Engel, Ebenbilder der Verschiedenen, Kruzifixe und andere Steinmetzarbeiten.

Hier gab es tausend Möglichkeiten, sich zu verstecken, und Elijah war erleichtert, daß er es bis zum Friedhof geschafft hatte. Hier hatte er die Chance, seine Verfolger endgültig abzuschütteln.

Am Friedhofstor verharrte er und lauschte in die Nacht. Nicht weit entfernt konnte er den schweren Motor des Range Rovers und dahinter die Motorräder hören. Mit einem Mal kamen die Hunde aus der Nacht gestürmt.

»Scheiße noch mal!« rief Elijah. Er sprang am verzierten Tor des Friedhofes hoch und bekam gerade die schmiedeeisernen Spitzen zu fassen, als die Hunde am Zaun hochsprangen. Er hörte die Hunde knurren, während sie mit ihren Kiefern wie Bärenfallen nach ihm schnappten.

Elijah ließ sich gerade aus zweieinhalb Meter Höhe zu Boden fallen, als der Range Rover in Sicht kam. Einen Sekundenbruchteil lang stand er wie festgenagelt im Schein der beiden Abblendlichter. Einen Augenblick später klatschte eine Kugel gegen den Grabstein neben ihm. Elijah warf sich in Deckung und stürmte dann in die Dunkelheit des Friedhofs davon.

Der Range Rover durchbrach das Eisentor, sprengte das Schloß und verbog das Metall. Während der Konvoi noch ausrollte, war Fouchon bereits ausgestiegen und studierte das Gelände wie ein Feldmarschall, der ein Schlachtfeld überblickt.

»Männer an den Toren postieren«, befahl er Van Cleave. Der Südafrikaner nickte den beiden Motorradfahrern zu, und sie röhrten davon.

Es war nicht unbedingt gut, daß Elijah Roper es so weit geschafft hatte, doch Fouchon und Van Cleave wirkten davon wenig beeindruckt. Möglicherweise genossen sie es sogar. Bei Zenan indessen schien die Jagd ihre Spuren zu hinterlassen.

Fouchon winkte Zenan weiter. »Nach Ihnen, Mister Zenan«, sagte er. »Schließlich ist es Ihre Party.«

Vornübergebeugt und mit erhobener Waffe, deren Nachtsichtgerät und Laser leise summten, tastete sich Zenan auf dem Friedhof vor. Während er die Gräberreihen absuchte, blickte er durch das Visier. Im Nachtsichtgerät wirkte der Friedhof wie eine körnige, grün-weiße Fläche.

»Ich sehe ihn«, stieß Zenan hervor. Die Waffe ratterte los, und die Kugeln rissen dem wenige Zentimeter neben Elijah stehenden Säulenheiligen die Finger ab, so daß er mit Marmorsplittern übersät wurde. Er hechtete zu Boden und robbte zwischen den Gräbern davon.

»Na los«, sagte Van Cleave. »Er ist ganz in der Nähe.«

Die drei Männer schwärmten zwischen den Grabsteinen aus und rückten vor. Fouchon hatte nun seinerseits ein Nachtsichtgerät gezückt und überprüfte das vor ihnen liegende Areal. Die Hunde verharrten neben einem Grab, wo sie eifrig schnüffelten. Fouchon betrachtete eine halboffene Gruft, deren Abdeckung schief zur Seite hing. Dann lächelte er.

»Da steckt er«, sagte er. Fouchon drängte Zenan vorwärts. »Machen Sie schon, erledigen Sie ihn.«

Mondlicht ergoß sich auf die Grababdeckung, als Zenan mit heftig klopfendem Herzen vorankroch. Er erreichte den Rand des Steinsarkophags und richtete sich so weit auf, daß er hineinspähen konnte. Er sah nur ein Stück Olivgrün von Elijahs Feldjacke, doch das reichte ihm. Mit einem teuflischen Grinsen sprang er auf, stieß den Deckel beiseite und richtete das Gewehr in das Grab.

Die Waffe gab kaum ein Geräusch von sich, während sie das ganze Magazin ausspie. Dann klickte der Schlagbolzen auf die leere Kammer. Zenan riß das Magazin heraus, legte ein neues ein und gab eine weitere Garbe ab. Das heiße Blei zerfetzte die Kampfjacke und riß faulendes Holz aus dem darunterliegenden Sarg.

Dann stellte Zenan das Feuer ein und starrte in die Gruft. Elijahs Jacke lag da, aber kein Elijah. Zenan wollte sich umdrehen und zurück zu Fouchon und Van Cleave gehen, doch statt dessen lief er mitten in eine Schaufel, mit der Elijah mit gewaltiger Kraft nach ihm ausholte.

Zenan würde nie erfahren, was ihn getroffen hatte. Als ihn das erdverschmierte Schaufelblatt am Kiefer erwischte, ließ er die Waffe fallen. Elijah schnappte sich sofort das Gewehr und gab eine Garbe ab, die Zenans Brust zerfetzte. Er war innerhalb von Sekundenbruchteilen tot.

Fouchon sprang aus seiner Deckung, feuerte und verpaßte Elijah eine Kugel in die Schulter. Schmerz explodierte hinter seinen Augen, und er fiel auf den weichen, feuchten Boden. Doch die Verletzung hatte ihn nicht außer Gefecht gesetzt – Elijah war zu aufgedreht von Adrenalin, Furcht und dem köstlichen Gefühl, zurückschlagen zu können. Er stützte sich auf ein Knie und gab rasch einen heftigen Feuerstoß auf Van Cleave und Fouchon ab. Dann war das Magazin leer.

Die Waffe klickte nur mehr, und er warf sie weg. »Höchste Zeit, daß ich hier wegkomme«, flüsterte er und verzog sich in die Nacht.

Als das Gewehrfeuer abbrach, krochen Fouchon und Van Cleave vorsichtig aus ihrer Deckung. Sie hatten ihre Waffen schußbereit, für den Fall, daß Elijah sie in die Falle lokken wollte und sich zwei Schuß aufgehoben hatte.

Aber er war fort. Die beiden Männer entspannten sich etwas. Dann untersuchten sie Ismal Zenans durchsiebte Leiche.

»Nun«, sagte Fouchon, »das ist uns noch nie passiert. Jetzt weißt du, warum wir auf Vorauszahlung bestehen.«

Van Cleave suchte den Friedhof ab. In der Ferne sah er Elijah im Mondlicht über die Mauer klettern. »Der ist gar nicht schlecht, dieser Kaffer, nicht wahr?«

Fouchon antwortete nicht sofort. Er sah zu, wie die beiden Motorradfahrer Zenan aufhoben und in das Grab warfen, in das er eben seine Waffe geleert hatte. Dann schoben sie die Abdeckung darüber. Soweit es die vier Männer anging, gehörte Ismal Zenan der Vergangenheit an.

»Hetz die Hunde auf ihn, ja, Pik?« Fouchon zog die Silberflasche aus seiner Jackentasche und nahm einen Schluck. »Nun, bringen wir es hinter uns. Wir wollen uns schließlich nicht die ganze Nacht hier draußen herumtreiben.«

Das befreiende Gefühl war verflogen. Die schmerzende Schulter und der Blutverlust machten Elijah schwer zu schaffen. Wenn er nicht bald Hilfe bekam, würden sie ihn kriegen. Er wurde immer langsamer – nur noch eine Frage der Zeit, bis sie ihn einholten.

Er torkelte jetzt durch die dunklen Straßen der Stadt, hielt wie eine heimkehrende Taube auf die Lichter und den Lärm des French Quarter zu. Dieser Teil der Stadt schien nie zu schlafen, und er war sicher, daß er dort einen Polizisten, einen Betrunkenen, einen Penner – egal, irgendwen – finden würde, der ihm helfen konnte.

Die Lichter rückten näher, und er taumelte auf sie zu. Aufgrund des Blutverlustes und der aufkeimenden Panik war er unsicher auf den Beinen, so daß man ihn bei flüchtigem Hinsehen für einen der typischen Säufer von der Bourbon Street hätte halten können.

»Helfen Sie mir«, rief er ein paar späten Passanten auf der Straße zu. »Bitte, jemand muß mir helfen.«

Menschen starrten ihn an und wandten dann den Blick ab, wollten um drei Uhr morgens nichts mit einem abgerissen wirkenden, wild dreinschauenden Schwarzen zu tun haben. Elijah torkelte auf ein junges Pärchen zu, das gerade aus einer Bar kam.

»Bitte, Mister«, flehte Elijah, »Sie müssen mir helfen.« Blut tropfte von seiner Schulter.

Das Pärchen wandte sich ab. »Ich hab kein Kleingeld, Mann«, murmelte der Mann schuldbewußt.

Elijah sank in die Knie. »Bitte, irgend jemand...«

In diesem Augenblick erfaßte ein schmaler rubinroter Laserstrahl Elijahs Brust. Unter den wenigen Menschen auf der Straße hörte niemand auch nur einen Ton, als die Kugeln aus der mit Schalldämpfer versehenen Waffe in Elijahs Brust einschlugen.

»O Gott!« schrie er. Hellrote Wunden brachen wie blutige Blumen auf seiner Brust auf. »Irgend jemand... bitte... helft mir.«

Sein Körper zuckte unter dem gnadenlosen Gewehrfeuer, als ihn die Kugeln zerrissen. Die Menschen auf der Straße erstarrten, blickten fassungslos auf den zusammensinkenden Mann, als Elijah auf den Trottoir aufschlug. Er hatte die blicklosen Augen geöffnet, während das Blut aus seinem Körper strömte und auf den Asphalt tropfte.

Die Leute standen wie angewurzelt, und ein paar Sekunden lang schien keiner zu begreifen, was hier vor sich ging. Dann ertönten Schritte. Van Cleave trat aus dem Schatten, lief arrogant und sorglos zu Elijah hin und zückte ein Klappmesser. Er durchschnitt die Geldkatze, löste sie von der Leiche und warf sie sich über die Schulter. Dann schritt er davon, als wisse er genau, daß keiner der Umstehenden, niemand in der ganzen Stadt, ihn zurückhalten würde. Es sei denn, er war lebensmüde.

Sechzehntes Kapitel

Die Nachricht von Elijahs aberwitzigem Tod in aller Öffentlichkeit verbreitete sich wie ein Flächenbrand in der verschworenen Gemeinschaft der Armen und Obdachlosen, und bis zum Morgengrauen hatte auch Chance davon gehört. Wenige Minuten nach Carmine Mitchel trafen er und Nat am Tatort ein.

Elijahs Leiche lag noch auf der Straße, war aber inzwischen mit einer gelben Plane abgedeckt und von Absperrungsband umgeben. Männer von der Spurensicherung schossen Fotos und suchten nach ausgeworfenen Patronenhülsen, während etwa ein halbes Dutzend uniformierter Polizisten und Sanitäter herumstand und zusah. Rundum rauschten und knackten die Funkgeräte.

Chance achtete wie üblich nicht auf die Absperrung, sondern ging zu seinem toten Freund. Er hob die gelbe Plastikplane an und starrte minutenlang auf Elijahs verzerrtes, lebloses Gesicht. Chance verzog vor bitterer Trauer das Gesicht, und er spürte, wie ihn wilde Rachegelüste überkamen. Irgend jemand würde dafür büßen.

Er ließ die Plane fallen und wandte sich wieder Nat und Carmine Mitchel zu. »Tut mir leid«, sagte die Polizistin. »Haben Sie ihn gut gekannt?«

»Wir waren Freunde«, sagte Chance leise.

»Irgendeine Ahnung, wer ihn hätte töten wollen?«

Chance schüttelte den Kopf. »Nein... keine. Elijah Roper mochte jeder. Gibt es irgendwelche Zeugen?«

»Um drei Uhr morgens auf der Bourbon Street? Klar, ich habe haufenweise Zeugen.«

»Und?«

Carmine Mitchel zuckte mit den Achseln. »Und alle sagen sie das gleiche.«

»Was?« wollte Chance wissen. »Was sagen sie? Wer ist es gewesen?«

Die Polizistin zog eine Zigarette aus der Schachtel, zündete sie an und inhalierte tief. »Sie sagen alle, es ist der *Teufel* gewesen.«

»Der Teufel?« Irgend etwas klingelte bei ihm. Er dachte einen Augenblick nach, wandte sich dann ab und wollte rasch weggehen.

»Boudreaux! He, warten Sie! Wo, zur Hölle, wollen Sie hin?«

»Ich hab vor, mich noch mal mit Randal Poe zu unterhalten«, rief Chance zurück.

»Mit Poe? was hat der Schmierfink denn mit einem Mord zu tun?«

»Ich will ihn mal nach einem bestimmten *Teufel* fragen, den er kennt.« Er blieb stehen und blickte zurück zu Carmine und Nat. »Wollt ihr beiden mitkommen?«

Als typischer Vertreter der Unterklasse von New Orleans hatte auch Randal Poe von Elijah Ropers öffentlicher Hinrichtung gehört, und nun war ihm bewußt, daß es an der Zeit war, sich schleunigst vom Acker zu machen. Seine umfangreiche Porno-Sammlung, die mageren Geldvorräte und seine bescheidene Garderobe hatte er bereits in einen zerschrammten Koffer gepackt, und nun schleppte er ihn die steile Treppe vor seiner Wohnung hinunter.

Vor der Tür hielt er inne und schaute die leere Straße auf und ab. Alles ruhig. Nun mußte er lediglich noch die drei Meter zum Straßenrand gehen, wo sein verbeulter Chevy stand, einsteigen, losfahren und für immer verschwinden.

»In Sicherheit«, sagte er vergnügt.

Aber er war es nicht. Er wollte gerade zum Schaltknüppel greifen, als das Fenster auf der Fahrerseite zerbarst und ihn mit Glassplittern übersäte.

Poe konnte lediglich erschrocken die Augen zukneifen, als er den kalten Lauf von Van Cleaves automatischem Gewehr an seiner schweißtriefenden Schläfe spürte.

Bösartig grinsend beugte sich Van Cleave durch das Fenster. Zusehen, wie das Opfer sich wand, bevor er es eliminierte, war etwas, das er fast genausosehr mochte wie das Töten selbst.

»Randal, ich bin *schockiert*«, sagte er mit giftig-süßer Stimme.

Randal Poe blieb nichts weiter übrig, als es mit einer Ausrede zu versuchen. Er brachte ein gequältes Lächeln zustande und betete so inbrünstig, wie er nur konnte.

»Sch-sch-sch-schockiert, Mister Van Cleave?«

»Ja«, sagte Van Cleave. »Ich glaube, du wolltest uns sang- und klanglos verlassen.« Der schwere Lauf des automatischen Gewehres ruhte nach wie vor an Randal Poes Schläfe.

»Ja, hm, äh, ach... Meine Mutter wohnt oben in, äh, Tupelo, und sie ist, äh, ernstlich krank geworden.«

»Ach du meine Güte«, sagte Van Cleave. »Wie entsetzlich. Ist es sehr ernst?«

Randal Poe wußte nun, daß er damit nicht durchkam. Die Sache entglitt ihm zusehends. »Ich hätt Sie schon noch angerufen, wirklich, Mister Van Cleave, ehrlich. Tut mir leid.«

»Natürlich hättest du das getan, Randal. Ich weiß doch, daß du eher sterben würdest, als meine Gefühle zu verletzen.«

Van Cleave entsicherte die Waffe. Randal Poe flennte los, und die Tränen rollten ihm über die fetten Wangen.

»Mister Van Cleave! Bitte – ich –«

Van Cleave drückte aus nächster Nähe ab. Poes halber Kopf löste sich in einer Wolke aus Blut, Knochen und Gehirn auf.

Einen Augenblick lang blieb Poe aufrecht sitzen, dann brach er über dem Lenkrad zusammen. Van Cleave, der die ganze Nacht auf den Beinen gewesen war, unterdrückte ein Gähnen und schlenderte von dannen.

Randal Poes Leiche war noch warm, als der zivile Streifenwagen mit Carmine Mitchel am Steuer hinter dem verbeulten Chevy zum Stehen kam. Sie mußten gar nicht erst aussteigen – durch das blutbespritzte Rückfenster konnten sie sehen, daß Randal Poe den letzten Atemzug getan hatte.

»Sieht so aus, als wären wir ein bißchen spät dran«, sagte Chance. »Der Teufel ist uns zuvorgekommen.«

Carmine Mitchel zog ihre 9mm-Glock, öffnete die Tür und stieg aus. Sie war in erster Linie auf die Leiche in dem Chevy konzentriert, doch aus dem Augenwinkel sah – vor allem aber hörte – sie etwas Furchtbares. Es war das unverkennbare Geräusch, wenn eine Patrone ins Gewehrschloß gleitet. Auf dem Gehsteig neben dem Chevy stand Van Cleave.

»Runter!« schrie Carmine.

Den Bruchteil einer Sekunde später zerplatzte die Windschutzscheibe des Polizeiwagens in tausend winzige Glassplitter. Carmine warf sich zu Boden und eröffnete gleichzeitig das Feuer.

Chance warf sich aus dem Polizeiwagen und zog das Feuer auf sich. Krachend ging Van Cleaves Waffe los, und die schweren Browning-Kugeln schlugen durch Blech und Chrom der am Straßenrand stehenden Fahrzeuge.

Daneben. Chance hechtete unter den Polizeiwagen und robbte auf die andere Seite, wo er sich neben Nat und Carmine hinkauerte. Als er sich umdrehte, sah er, daß eine weitere Gefahr drohte.

Einer von Fouchons Motorradfahrern kam mit ausgestreckter Faustfeuerwaffe in der Hand auf sie zugerast. Der erste Schuß riß ein Loch in die offene Tür des Polizeiwagens. Kaltblütig drehte sich Carmine um und gab vier Schüsse auf den Motorradfahrer ab.

Der Mann schrie vor Schmerz auf, legte die Maschine flach und schlitterte in einem Funkenregen über den Asphalt. Das Motorrad krachte gegen einen Laternenmast und ging in einem Feuerball auf, als der Tank explodierte.

Carmine schob gerade ein neues, dreizehn Schuß fassendes Magazin in ihre Neunmillimeter, als der Range Rover mit zwei Schlägern vorn und Fouchon hinten drin in Sicht kam. Während sie den Bruchteil einer Sekunde wehrlos war, passierte es. Der Mann auf dem Beifahrersitz schob die Mündung des AR-15 aus dem Fenster und drückte ab.

Carmine Mitchel wurde voll erwischt. Von einem Dutzend Kugeln zerfetzt, wurde sie nach hinten in Chances Arme gerissen. Er spürte ihr Blut warm auf seiner Brust und Schulter. Sie war auf der Stelle tot.

Er nahm die Waffe aus ihrer leblosen Hand und zielte. Er hatte sich ein besonderes Ziel vorgenommen – der Typ mit dem AR-15 war derselbe, der ihn vor ein paar Tagen im Lagerhaus so fürchterlich verprügelt hatte. Chance feuerte. Sechs Schüsse bohrten sich kurz hintereinander in die Beifahrerseite des Range Rovers, und der Schütze verschwand. Das schwere Fahrzeug schwankte, als gerate es ins Schleudern, doch Fouchon fing es ab. Dann fuhr er kurze Zeit langsamer, so daß Van Cleave seine Deckung verlassen konnte. Wild um sich feuernd, rannte er auf den Range Rover zu, und Chance mußte sich schutzsuchend zu Boden werfen. Als er wieder hervorzuspähen wagte, raste der Range Rover mit kreischenden Reifen um die Ecke davon.

»Verflucht!« rief Chance. Er blickte nach rechts und sah, daß Nat zitternd, aber unverletzt, noch immer neben dem Vordersitz des Polizeiwagens kauerte. Dann schaute er zu Carmines von Kugeln zerfetzter Leiche.

Rasende Wut überkam ihn. Chance sprang auf und rannte wild schießend hinter dem Range Rover her. In diesem Augenblick hielt das zweite Motorrad auf ihn zu, und der Fahrer hob seine Maschinenpistole vom Typ Tec-9. Chance ging in Feuerstellung, legte auf den Motorradfahrer an und drückte ab. Nichts passierte. Das Magazin war leer.

Der Motorradfahrer hingegen hatte eine voll geladene Waffe. Knatternd und flammenspuckend ging die Maschinenpistole los und übersäte den Polizeiwagen mit Blei. Chance hechtete über die Motorhaube und erwischte den Motorradfahrer mit einem gezielten Sidekick am Kinnschutz. Der Mann schrie auf, flog vom Motorrad und stürzte zu Boden. Er überschlug sich ein paarmal und blieb reglos auf dem Asphalt liegen. Das Motorrad schlitterte scheppernd über die Straße und kippte dann um.

Chance wühlte in Mitchels Handtasche herum, stieß auf ein Reservemagazin und schob es in den Griff der Waffe. Dann packte er Nats Handgelenk. »Komm schon. Wir müssen von hier verschwinden.«

Nat starrte schockiert und mit großen Augen auf Carmine Mitchels blutüberströmte Leiche. »Aber... aber wir können sie doch nicht hier liegenlassen.«

Chance zerrte Nat zu dem Motorrad. »Sie ist tot«, sagte er. »Komm schon. Wir haben nicht viel Zeit. Wir müssen schleunigst hier weg.«

Er stellte das Motorrad auf und schwang das Bein darüber. Er hoffte nur, daß die Maschine nicht zu sehr beschädigt war. Er ließ den Motor aufheulen und lauschte. Er klang okay – egal, was passierte, im Augenblick mußte das reichen.

Kaum hatte Nat die Hände um seine Taille geschlungen, gab er auch schon Gas, und das Motorrad schoß bokkend und mit qualmenden Reifen los. Wie entfesselt schaltend, schoß Chance die Straße entlang.

Der Range Rover kam ihnen entgegengerast. Van

Cleave schob sich durch das offene Verdeck, zielte mit seinem Gewehr und drückte ab. Chance spürte den heißen Luftzug der Kugel, machte einen Schlenker auf die Gegenspur und tauchte im Verkehr unter. Wütendes Hupen drang ihm in die Ohren, während er sich durch den entgegenkommenden Verkehr hindurchschlängelte.

Er mußte von der Schnellstraße herunter und sich um den Range Rover kümmern, solange er noch die Gelegenheit dazu hatte. Er riß das Motorrad heftig nach rechts, hetzte über die Abfahrt und über eine Eisenbahnbrücke und hielt am Ufer eines verschlammten Fabrikwasserkanals an. Der Range Rover kam genau auf sie zu.

Chance drehte sich zu Nat um. »Du mußt mal kurz hier warten.«

»Was? Bist du verrückt?«

»Steig einfach ab.«

»Nie und nimmer!«

Chance gab Vollgas, daß das Hinterrad durchdrehte und die Maschine sich aufbäumte. Nat rutschte vom Rücksitz. Sie fiel in den Staub und konnte nur noch erschrocken zusehen, wie er davonröhrte und auf den entgegenkommenden Range Rover zuraste.

Chance richtete das Bike auf die vordere Stoßstange des Range Rover aus, rastete das Gas ein und stand dann vorsichtig auf, so daß er die röhrende Maschine nun wie ein Surfer ausritt. Er legte die Waffe an und feuerte fünf Schuß auf den Fahrer ab, die diesen auf der Stelle töteten. Fouchon und Van Cleave warfen sich in Deckung, als die Kugeln in die Sitzpolster schlugen.

Das Motorrad krachte gegen die Stoßstange des Range Rovers, und Chance, der auf den Aufprall gefaßt war, hechtete über Motorhaube und Dach und rollte sich über das Heck des Fahrzeugs ab.

Fahrerlos schlitterte der Wagen über die Straße, holperte über den Randstein, überschlug sich und landete auf der Seite.

Chance hatte den Sturz heil überstanden und kam nun feuernd auf die Beine. Er pumpte seine letzten acht Schuß in den Range Rover, bis nur noch splitterndes Glas und reißendes Blech übrigblieben. Zischend wie ein angeschossenes Tier kam das Fahrzeug zum Stillstand. Mit einem Mal herrschte Stille – bis auf das Pfeifen eines weit entfernten Zuges war kein Ton zu hören.

Nat kam auf ihn zugerannt. »Bist du in Ordnung?« schrie sie.

Schwer zu sagen, ob sie erleichtert war, daß Chance heil davongekommen war, oder wütend, weil er sich auf ein so gefährliches Manöver eingelassen hatte.

Fouchon und Van Cleave hatten sich wieder halbwegs gefaßt und traten gerade die Windschutzscheibe des Range Rovers heraus.

»Yeah, ich bin okay.« Er blickte zu dem Range Rover. »Die aber auch.«

Chance zerrte Nat zum Geländer der Eisenbahnüberführung. Unter ihnen rollte gerade ein endlos langer Güterzug vorbei – kilometerweit offene Waggons voller Rohbaumwolle für die Spinnereien in Mississippi und Georgia.

Er blickte hinunter. Es waren etwa fünfzehn Meter. »Entweder wir machen den Sprung unseres Lebens, oder wir holen uns eine Bleivergiftung.« Er wandte sich an Nat. »Was ist dir lieber?«

Nat spähte über die Brücke. »Du machst wohl Witze?« stieß sie hervor.

»Ich wünschte, es wär so, Cherie.«

Van Cleave hatte sich aus dem Autowrack befreit und ging nun in die Hocke, legte die Waffe mit ausgestreckten Armen an. Er feuerte. Die Kugel prallte vom Eisengeländer ab und jaulte über die Eisenbahngleise.

»Höchste Eisenbahn. Reiß dich zusammen.«

Chance packte Nat an der Taille und stürzte sich mit ihr ins Bodenlose. Der Fall schien stundenlang zu dauern, während der Zug unter ihnen vorbeiraste wie ein Wildwasser. Nat hielt die Luft an – sie war überzeugt, daß sie zu Tode stürzen würden.

Dann kam etwas Graues, Wattiges auf sie zugerast. Heftig schlugen sie auf einem Baumwollballen auf. Sie waren kaum gelandet, als Chance sie wieder packte und auf den Boden des Pritschenwagens zerrte.

Van Cleave und Fouchon waren jetzt am Brückengeländer und überzogen den in der Ferne verschwindenden Waggon mit Kugeln. Doch Nat und Chance waren inzwischen hinter zwei Zentimeter dickem Eisen in Sicherheit.

Fouchons normalerweise so gelassene Miene war verzerrt. »Gottverdammt! Das werde ich nicht zulassen! Verstehst du mich, Pik! Ich werde das nicht gestatten!«

»Ich verstehe«, sagte Pik Van Cleave.

Plötzlich drang Sirenengeheul an ihre Ohren. Nicht lange, und die Polizei würde hinter ihnen her sein. Fouchon kam wieder zur Besinnung.

Während er dem in der Ferne verschwindenden Zug hinterherblickte, sagte er mit ruhiger Stimme: »Nun, wie es aussieht, müssen wir hier doch noch ein letztes Mal auf die Jagd gehen.«

Siebzehntes Kapitel

Etliche Meilen südlich der Stadt führen die Gleise der Texas & Pacific Railroad in einer langgezogenen Kurve nach Osten, durch das flache Sumpfland des Terrebone Parish. Vor der Kurve senkte der Lokomotivführer die Geschwindigkeit des schwerfälligen Zuges, was Chance und Nat die Gelegenheit bot, von dem Baumwollwaggon abzuspringen. Sie kugelten den Bahndamm hinunter und landeten am Rande eines schmalen, neben den Bahngleisen verlaufenden Drainagegrabens.

»Das ist so ungefähr die einzige Stelle, wo wir vom Zug runterkönnen. Diese Eisenbahn führt nur zu einem Ort. Und dort könnten ihre Leute schon auf uns warten.«

Nat blickte sich um. Es war der gottverlassenste Ort, den sie je gesehen hatte. Ein paar hundert Meter weiter erstreckte sich dichtes Gestrüpp, und rund um sie herum war nichts als Sumpf. »Hier draußen werden sie uns nie finden, oder?«

Chance nickte. »Das ist leichter, als du glaubst. Sie werden sich Hunde besorgen und entlang der Gleise alles absuchen. Wir haben zwei, drei Stunden Zeit, uns einen Vorsprung zu verschaffen. Vielleicht sogar weniger.«

Nat wirkte perplex. »Und was wollen wir machen?«

»Wir setzen uns in Bewegung«, sagte Chance. Er zog sie mit sich in die dunkle, bis zur Taille reichende und faulig riechende Brühe des Abwasserkanals.

»Gibt's hier nicht 'nen Weg oder so was?« fragte sie, während sie mühsam ihren Ekel unterdrückte.

»He«, sagte er und warf ihr ein Lächeln zu. »Manchmal muß man halt ein Versteck finden, wo einen keiner suchen will.«

Sie wateten gemeinsam durch die Brühe, kletterten am anderen Ufer hoch und verschwanden im dampfenden Sumpf.

Der Helikopter landete auf dem Parkplatz neben dem einsamen Abstellgleis. Am Boden warteten Van Cleave und einer seiner Schläger, ein Kerl namens Jerome, der für Van Cleaves geliebte Rhodesische Ridgebacks verantwortlich war.

Kaum hatten die Kufen des leistungsstarken Fluggeräts den Boden berührt, schwärmten schwerbewaffnete Männer aus der Maschine. Fouchon kam zuerst, gefolgt von vier angeheuerten Gorillas.

Danach kamen die besonderen – und in aller Eile eingeladenen – Gäste. Van Cleave kannte nur einen persönlich: Mr. Chang mit seinem Kompositbogen. Die anderen drei kannte er nur von den Unterlagen her. Es waren drei schwerreiche Männer, die sich für die Menschenjagd als Sport begeisterten, und alle drei waren bereits für Jagden eingeplant gewesen.

Da war Stephan, ein neureicher Millionär aus dem einstigen Ostblock, der Unsummen von Dollar auf dem Schwarzmarkt verdiente, indem er den Heimat- und Mittellosen in Rumänien, Jugoslawien und den verarmten Republiken der einstigen Sowjetunion geschmuggelte Nahrungsmittel und Kleidung verhökerte. Er hatte eine Vorliebe für westliche Frauen und Weine, war aber mit einem exotischen russischen Druganow-Scharfschützengewehr ausgerüstet.

Carlos Guzman war ein Drogenhändler, der fast ganz Südflorida kontrollierte. Seine Lieblingswaffen waren ein Bolo-Messer und eine NP-5-Maschinenpistole.

Lediglich Billy Bob Hackett hatte nichts mit dem organisierten Verbrechen zu schaffen. Er war ein schleppend sprechender, aber netter alter Knabe aus Georgia, der ein Vermögen mit Verbrauchermärkten zwischen Maine und Kalifornien verdient hatte. Er hatte ein schweres M-60-Maschinengewehr dabei.

Fouchon trat neben Van Cleave. »Was hast du für mich, Pik?«

»Ich habe ihn«, sagte Van Cleave. »Der Zug ist hier vor zweieinhalb Stunden durchgefahren. Er kann nicht weit gekommen sein.«

Fouchon nickte und wandte sich seinen Gästen zu. Er lächelte herzlich, wie ein Hotelier, der eine Gruppe Touristen in seinem Haus willkommen heißt.

»Zuallererst«, sagte er, »möchte ich mich bei Ihnen bedanken, daß sie sich so spontan zur Verfügung gestellt haben. Wir stehen heute vor einer einmaligen Gelegenheit.« Er strahlte sie an. »Wir ziehen gegen einen außerordentlichen Gegner ins Feld. Für die Teilnahme an diesem Ereignis werden jedem von Ihnen fünfhunderttausend Dollar in Rechnung gestellt.«

Billy Bob Hackett sprach mehr oder weniger für die ganze Gruppe, als er auf den Boden spuckte und sagte: »Kleine Fische.«

»Aufgrund des sozusagen persönlichen Charakters dieser Jagd«, fuhr Fouchon fort, »werden auch Mister Van Cleave und ich daran teilnehmen.«

Stephan furchte die Stirn. Er war nicht sicher, ob ihm das schmeckte. »Und was ist, wenn Sie oder Van Cleave das Töten besorgen?«

Fouchon hatte auch darauf eine Antwort. »Dann bezahlen Sie alle. Sollte hingegen einer von Ihnen das Glück haben und ihn zur Strecke bringen, dann werde ich die Teilnahmegebühr dieses Jägers in voller Höhe zurückerstatten.«

Chang, Stephan, Carlos und Billy Bob lächelten. Nun ging es um mehr als eine Jagd – es war zugleich auch eine Wette, und noch dazu um höchsten Einsatz.

»Ich darf doch voraussetzen, daß diese Bedingungen annehmbar sind?«

Rundum nickte alles.

»Gut«, sagte Fouchon. »Nun«, fuhr er wie ein Offizier bei der Truppeneinweisung fort, »wir können voraussetzen, daß Boudreaux in Richtung Süden, zum Golf von Mexiko, unterwegs ist. Ich habe überdies zwei Männer zwischen ihm und Route neunzig postiert. Sie werden uns sozusagen als Treiber dienen, ihm auf der Spur bleiben und dafür sorgen, daß er vom Highway fernbleibt und sich keinerlei Unterstützung durch die Behörden versichern kann. Verstanden?«

»Yeah«, sagte Billy Bob. »Packen wir die gottverdammte Geschichte an.«

»Sehr gut«, erwiderte Fouchon. Er nickte Jerome zu, der sich bückte und den Hunden etwas zuflüsterte. Dann ließ er sie von der Leine. Sie jagten in den Sumpf davon.

»Nun, Gentlemen«, sagte Fouchon. »Waidmannsheil.«

Chance führte Nat tiefer in den Sumpf. Er folgte einem Pfad, der so schmal und schwer zu erkennen war, daß ihn niemand finden würde, der nicht wußte, wo er war. Doch Chance war in diesem Land aufgewachsen, und er kannte jeden Zentimeter davon. Dies war seine hauptsächliche Waffe gegen die gutgerüsteten Kräfte, die sich gegen sie zusammenrotteten.

Denn das war seine Hauptsorge. Er hatte nicht viel dabei, mit dem er kämpfen konnte, und jeder Treffer würde zählen. Chance entdeckte ein kleines Atemloch auf dem lehmigen Pfad vor ihnen. Plötzlich legte er sich hin, preßte das Ohr an das Loch und lauschte einen Augenblick. Er nickte vor sich hin, zog rasch sein Hemd aus und wickelte es um seine Hand.

»Was ist denn los?« fragte Nat.

Chance hatte den Arm nun bis zur Schulter in dem Loch stecken und wühlte darin herum, als suche er etwas. »Scht«, sagte er leise. »Du weckst ja die ganze Nachbarschaft auf.«

Sie sah, wie sich seine Muskeln strafften, als er etwas tief in der Erde zu fassen bekam. Ganz vorsichtig zog er den Arm aus dem Loch. Von seiner Hand baumelte eine knapp zwei Meter lange Klapperschlange. Nat erschauderte. Teils abgestoßen, teils beeindruckt starrte sie auf das scheußliche Tier.

»Du hast das Ding... mit der *Hand* gefangen?«

Chance zuckte mit den Achseln. Klapperschlangen ausbuddeln war für ihn gar nichts – er hatte es schon als Kind gemacht. »Sie fangen ist nicht schwer. Der Trick dabei ist bloß, daß du ihnen nicht die Finger ins Maul bringen darfst.«

Langsam fing die Klapperschlange an, sich zu winden, doch Chance packte sie hinter dem Kopf. Die Schlange lebte, war aber träge und behäbig, als erwache sie aus tiefstem Schlaf. Chance riß eine dünne Ranke aus dem Boden und verschnürte die Schlange mit flinken Fingern zu einem Knäuel.

»Schau«, erklärte er, »die Jungs schlafen im Winter. Die großen schlafen bloß ein bißchen fester als die kleinen.« Ohne zu zögern, hob Chance den Schwanz der Schlange zu seinem Mund und biß die Rassel ab.

»Igitt!« sagte Nat.

Grinsend spie Chance das Stück Schlange aus. Die Klapperschlange war sehr lebendig und wand sich in seinen Händen. »Aber so groß oder klein, eins haben sie gemeinsam.«

»Und was?«

»Wenn sie aufwachen, sind sie stinksauer.«

»Aber was hast du mit dem Ding vor? Da draußen sind Männer mit Gewehren, die sauer auf uns sind. Was bringt's, wenn die Schlangen auch noch stinkig sind?«

Chance klemmte die zum Knäuel verschnürte Schlange in die Astgabel eines neben dem Pfad stehenden Baumes und wand das verbliebene Stück Ranke locker über den Weg. Die rassellose Schlange bildete nun den explosiven Teil einer Stolperfalle.

»Schau«, sagte er. »Was wir hier haben, ist ein Heimspiel für die guten und ein Auswärtsspiel für die bösen Buben.« Beinahe zärtlich tippte er die Schlange an. »Schlaf nicht ein.«

Voller Jagdeifer zogen die Hunde Jerome den schmalen Sumpfpfad entlang. Die Waffenträger folgten ihm – jeweils zwei nebeneinander, wenn der Pfad breit genug war, hintereinander, wenn es nötig wurde.

Als der Pfad an einer leichten Anhöhe breiter wurde, blieben sie stehen – es war die Stelle, wo Chance die Schlange versteckt hatte.

Van Cleave sondierte das Terrain. »Hier waren wir schon mal«, sagte er leise.

»Der Maricon hat sich verlaufen«, sagte Carlos verächtlich. »Er geht im Kreis.«

Van Cleave kniete sich hin und fummelte an den am Halsband befestigten Peilsendern. Sie gaben leise Pieptöne von sich.

»Er geht zwar im Kreis«, sagte er. »Aber er hat sich nicht verlaufen.«

Fouchon mischte sich ein. »Er ist hinter uns«, sagte er verwundert. »Er versucht *uns* zu verfolgen.«

Wie ein Mann fuhren die Jäger mit schußbereiten Waffen herum, als erwarteten sie, Chance hinter sich stehen zu sehen. Sie waren umgangen worden, ausgetrickst. Mit einem Mal hatten diese gemeinen, gutbewaffeneten Männer ihr ganzes Selbstvertrauen und ihre Großspurigkeit verloren. Nun waren sie angespannt, paranoid, unsicher.

Jerome verlor zuerst die Nerven. Man sah ihm die Panik an den Augen an. Er blickte sich in der urtümlichen Landschaft um und spürte, wie ihn eiskalte Furcht erfaßte.

»Wir müssen auf die Straße zurück«, flennte er. »Er hat uns hier reingelockt! Dieser Misthund von einem Cajun wird uns alle umbringen!«

Van Cleave verpaßte ihm einen Schlag an den Hinterkopf. »Halt dein Maul.« Er hatte seit Jahren nicht mehr so gefühlsbetont reagiert.

Fouchon behielt seinen kühlen Kopf. Er spähte ins Unterholz. »Mister Chang, Mister Stephan. Dürfte ich vielleicht vorschlagen, daß Sie sich neben unserem Pfad in den Hinterhalt legen? Sollte Boudreaux hinter uns sein, dann bringt mir seine Ohren.«

»Ja«, sagte Chang. Die beiden Männer eilten den Weg zurück, den sie gekommen waren, begierig darauf, ihren gerissenen Gegner als erste zu stellen.

Die übrigen Männer rückten hintereinander vor, wobei einer von Fouchons Gorillas die Vorhut übernahm und sie vorsichtig den Pfad entlangführte. Dieser Unglückliche war es auch, der die Schlangenfalle auslöste, indem er mit seinen schweren Stiefeln auf die über den Pfad gespannte Ranke trampelte. Im gleichen Augenblick, als er die Ranke durchriß, wußte er, daß er einen Fehler gemacht hatte – aber ein, zwei Sekunden lang war er nicht sicher, welchen. Dann fiel die wütende Schlange aus dem Baum über ihm mitten in sein Gesicht.

Der Mann sprang einen Viertelmeter in die Luft, stürzte dann zu Boden und rang mit der Schlange, die sich um seinen Kopf wand.

»Ohhh... Scheiße!« Der gedämpfte Schrei klang, als verliere er vor Furcht und Schmerz den Verstand, als sich die nadelscharfen Fänge tief in seine Wangenmuskeln bohrten. In Sekundenschnelle war sein Gesicht gefühllos, und die Schlange schlüpfte in seinen offenen Mund und grub ihm die Giftzähne in die Zungenwurzel.

Van Cleave hatte keine Zeit für so etwas, außerdem verloren seine nervösen Männer durch so ein grausiges Ende allenfalls den letzten Mut. Er trat einen Schritt vor, riß die Schlange aus dem Mund des Toten, setzte ihr das Gewehr an den Kopf und schoß sie in zwei Teile. Danach warf er den Kadaver wie einen kaputten Gürtel beiseite.

Die übrigen Männer blickten von dem toten Schläger

zur Schlange und zu Van Cleave, und jeder einzelne fragte sich, worauf er sich hier eingelassen hatte.

»Jerome«, befahl Fouchon. »Du übernimmst die Spitze.«

Jerome war offenbar gar nicht glücklich mit seiner neuen Aufgabe. »Warum immer ich?« winselte er.

Van Cleave entsicherte seine Waffe und setzte sie Jerome mitten auf die Brust. Niemand zweifelte auch nur im geringsten daran, daß er den Mann jederzeit töten würde.

»Weil wir's eilig haben«, sagte Van Cleave mit zusammengebissenen Zähnen.

Achtzehntes Kapitel

Douvee Hebert hatte einen Traum, eine Vision, der er schon sein ganzes Leben lang hinterherjagte: Es handelte sich um seinen Ehrgeiz, den härtesten, stärksten Schwarzgebrannten am ganzen Bayou herzustellen. Dabei ging es, wie ihm klargeworden war, um einen Vorsatz, der endloses Experimentieren und Planen erforderte – von den Kostproben, und zwar jeder Menge Kostproben, gar nicht zu reden –, doch Douvee hatte nicht viel zu tun und somit jede Menge Zeit, sein Ziel zu erreichen.

Die Destille in seiner alten Hütte war älter als er. Es handelte sich um eine wahrlich eindrucksvolle Apparatur aus

Kesseln und Kupferrohren, die auf einem alten, bauchigen Ofen thronte. Die ganze Gerätschaft wurde von Drähten und Schnüren zusammengehalten, und im Inneren blubberte und brodelte es, als wolle der Apparat jede Sekunde in die Luft fliegen.

Die Schwarzdestille endete in einem Messinghahn, und Douvee Hebert hatte sich angewöhnt, von Zeit zu Zeit einfach den Mund darunterzuhalten, den Hahn aufzudrehen und sich davon zu überzeugen, wie sich sein Höllengebräu entwickelte.

Er fing ein paar Tropfen mit dem Mund auf, setzte sich auf und schnitt ein Gesicht, als habe er gerade anderthalb Tassen lauwarmen Essig getrunken. Eine Staubwolke wurde aufgewirbelt, als er das belebende Naß im Körper spürte und mit der Hand auf den Tisch schlug und mit dem Fuß auf den Boden stampfte.

»Huuuu, Mann! Manchmal staun ich selber über mich!« stieß er mit vorübergehend heiserer Stimme von dem Höllenbrannt hervor.

Douvee hörte das Trällern einer Heidelerche vor seiner Tür. Mit strahlendem Gesicht trat er aus der Hütte. Der Ruf der Heidelerche war die Parole, die Douvee und Chance seit Jahren gebrauchten.

»Chance... bist du das?«

Chance und Nat traten aus dem Gebüsch, und auf der Stelle verschwand Douvees begeistertes Grinsen. Blitzartig riß der alte Mann einen Pfeil aus einem an der Veranda vor der Hütte hängenden Köcher und warf ihn mit erstaunlicher Geschwindigkeit und Kraft. Der Pfeil flog genau zwischen Chances Beinen durch und bohrte sich tief in einen Baum – zuvor aber spießte er den Kopf einer Diamantklapperschlange auf, die sich nur ein paar Zentimeter neben Nats Fuß befand.

Mit aufgerissenen Augen wandte sie sich an Chance. »Du hast doch gesagt, die Biester schlafen um diese Jahreszeit.«

»Die *großen*, hab ich gesagt.«

Douvee kam zu ihnen und legte seinem Neffen den Arm um die Schulter. »Chance, schön, dich zu sehen. Ich hab gedacht, du wärst schon weit weg auf See.«

»So kann man sich täuschen, Douvee. Mein Schiff ist ohne mich losgefahren – ist was dazwischen gekommen. Was Interessanteres.«

Douvee wandte sich Nat zu. Er mochte zwar alt und dem Suff zugetan sein, aber für Frauen hatte er eine Auge, und insgeheim hielt er sich für einen erfolgreichen Verführer von Damen jeden Alters. Anerkennend ließ er den Blick über sie schweifen.

»Sag an, Chance, wer ist die Holde, die du da angeschleppt bringst?«

»Nat, das ist mein Onkel Douvee.«

Douvee, der vergebens versuchte, seine zitternde Hand ruhig zu halten, nahm Nats Rechte, beugte sich höflich wie ein Pariser Schwerenöter darüber und küßte sie.

»Enchanté, Ma'amselle.«

»Wie geht's«, sagte Nat und errötete leicht.

»Douvee«, sagte Chance drängend. »Ein paar Leute sind hinter mir her.«

Douvee rümpfte die Nase, nahm wie ein Jagdhund Witterung auf und nickte dann. »Yeah, ich hab sie gerochen. Gehen wir ins Haus und schaun mal, was ich finden kann.«

Bei der einzigen Waffe auf dem Besitz handelte es sich – von Douvees Bogen und Pfeilen einmal abgesehen – um eine uralte, doppelläufige Schrotflinte. Die alte Donnerbüchse hatte genau wie Douvees Destille – und Douvee persönlich – schon bessere Zeiten gesehen.

Ehrfürchtig überreichte er Chance die Waffe. »Da hast du sie, Chance. Paß auf sie auf.«

Chance schnitt ein Gesicht. »Was ist mit dem hübschen AK-47 passiert, das ich dir zum Geburtstag geschenkt hatte?«

Douvee zuckte mit den Achseln. »Hat ein Alligator vertilgt. Dieses Jahr hab ich immer die Flinte benutzt.«

»Tja, besser als gar nichts.« Chance blies den Staub aus dem Doppellauf. »Wo sind die Patronen?«

Douvee warf ihm eine Schachtel Munition zu. »Sag an, Chance, diese Männer, sind die von Berufs wegen sauer auf dich oder aus Vergnügen?«

»Teils, teils.«

»Und wie willst du sie loswerden?«

»Ich will sie weglocken. Erst nach Süden, zum Bayou la Fouche. Dann zum Mardi-Gras-Friedhof.«

»Dem was?« fragte Nat.

»Ein Orientierungspunkt hier in der Gegend«, sagte Chance. Er stopfte sich die Taschen voller Schrotpatronen.

»Und wie willst du da überall hinkommen?« fragte Douvee.

»Hast du dein Boot noch?«

Douvee nickte. »Hmmm.«

»Ist Benzin im Tank?«

»Grade nachgefüllt.«

»Dann will ich zusehen, daß ich damit so weit wie möglich fortkomme.«

»Und was mach *ich*, derweil du deinen Spaß hast?«

»Du mußt Nat zurück nach Norden bringen«, sagte Chance.

»Hmmm«, sagte Douvee.

»Sieh zu, daß du es bis Morgan City schaffst. Such Sheriff Quave auf und sag ihm, wo ich hin will.«

»Warte mal«, sagte Nat. »Ich bin bis hierher mitgekommen. Und ich denke nicht daran, dich jetzt zu verlassen.«

Chance klappte die Schrotflinte auf und schob zwei Patronen ins Schloß. »Schau, du hast nur dann eine Chance, zur Straße durchzukommen, wenn ich sie nach Süden locke. Willst du mir helfen?«

Nat nickte.

»Gut. Dann sieh zu, daß du zur Straße kommst und den Sheriff auftreibst.«

Nat wußte, daß er recht hatte, aber sie hatte trotzdem ein flaues Gefühl, als sie ihn zur Tür gehen sah.

»Douvee«, sagte er. »Diese Männer können sich vielleicht gut vorstellen, daß wir hier gewesen sind.«

Der alte Mann winkte seinen Neffen zur Tür. »O Cheri, da mach dir mal keine Sorgen. Ich *liebe* Gesellschaft.«

Chance grinste und verschwand dann im Sumpf, als sei er ein Teil der Landschaft.

Kaum war sein Neffe weg, setzte Douvee einen Fünfzehnliterkrug mit seinem Weißen Blitz an den Mund und nahm etliche tiefe Züge. Nat sah ihm mißbilligend zu.

Douvee wischte sich den Mund ab. »Tut mir leid, Cheri, ich vergeß meine Manieren. Wollen Sie auch einen?«

Sie schüttelte den Kopf. »Nein. Haben wir wirklich Zeit für so etwas?«

»Tja, gibt keinen Grund, durstig durch die Gegend zu traben.« Er stellte den Krug hin und spähte dann auf der Lichtung herum wie ein Kurzsichtiger, der seine Brille verlegt hat. »Pfeil und Bogen von mir haste nicht irgendwo gesehen, oder?«

»Sie sind direkt hinter Ihnen«, sagte Nat, die sich fragte, ob sie jemals lebend aus dem Sumpf herauskommen würde.

»Dann gehn wir doch raus und warten auf unsere Besucher«, sagte Douvee, als freue er sich aufrichtig darauf, daß er Gesellschaft bekommen sollte. Er schnappte sich den Schnapskrug. »Allzeit bereit«, sagte er feierlich.

Leise führten Van Cleave und Fouchon ihre Männer vorwärts. Sie schlichen wie Schatten durch die Sträucher und schwärmten dann aus, um die Hütte zu umzingeln, die sie vor sich entdeckt hatten. Erst wurden die Hunde losgelassen, und sie sprangen die brüchige Treppe hinauf und schossen durch die offene Tür. Unmittelbar hinter ihnen drang Stephan in die Behausung ein und durchsuchte sie rasch. Nach wenigen Sekunden war er wieder auf der Veranda vor der Hütte und schüttelte den Kopf.

»Niemand hier«, sagte er.

Douvee und Nat, die auf der anderen Seite der Lichtung in Deckung lagen, sahen das gegnerische Aufgebot und beschlossen, daß es an der Zeit war, den Feind zu beschäftigen. Douvee spritzte ein paar Tropfen Schwarzgebrannten auf eine Pfeilspitze und gönnte sich dann selbst einen tiefen Schluck. Er reichte Nat die Flasche.

»Und daß Sie mir ja nichts verschütten«, flüsterte er. »Der verätzt das Gras.«

Er legte den Pfeil auf die Sehne, und Nat hielt ein Feuerzeug daran. Die Pfeilspitze flammte auf, und er zog die Sehne zurück.

Der Brandpfeil zischte durch die Luft, pfiff zwischen Van Cleave und Fouchon hindurch, flog durch die Tür von Douvees Hütte und bohrte sich mitten in die Destille.

Einen Augenblick lang war alles still. Dann explodierte die Destille wie ein Napalmkanister, und ein riesiger Feuerball aus verpufftem Schnaps breitete sich aus. Van Cleave und seine Söldner gerieten in Panik und fingen blindlings an zu schießen, als die brennenden Trümmer auf sie herabregneten. In der Hütte explodierten nun die Krüge mit dem Schwarzgebrannten – ein Teil von Douvees bemerkenswertem Vorrat – wie Splittergranaten und übersäten die ganze Umgebung mit scharfen, glühenden Glasscherben.

Verwundert starrte Nat auf das Chaos. »Was für ein Schuß!«

Doch Douvee tat es von Herzen leid. »Ich hab doch gar nicht auf meine arme alte Destille gezielt.«

Kaum hatte er die Worte gesprochen, bohrte sich ein Pfeil in den Baum neben ihn. Douvee fuhr herum und sah Mr. Chang, der seelenruhig einen neuen Pfeil einlegte. Die beiden Bogenschützen standen einander wie Duellanten gegenüber.

Douvee kniff die Augen zusammen. »Tritt mal zurück, Darling«, sagte er, »das is 'ne Sache unter Gentlemen.« Er nahm einen Schluck Schnaps und gab Nat die Flasche zurück.

»Was machen Sie da?« fragte Nat scharf. »Wir haben keine Zeit für solchen Macho-Mist!«

Doch Douvee beachtete sie nicht. Er zog einen Pfeil aus dem Köcher und legte ihn ein.

»Zum Teufel damit«, murmelte Nat. Sie riß einen Streifen Stoff von ihrer Bluse, tränkte ihn mit Weißem Blitz und stopfte ihn in den Flaschenhals. Sie zündete den improvisierten Brandsatz mit ihrem Feuerzeug an und schleuderte ihn auf Chang, der sich gerade schußbereit machte.

Die Flasche landete vor seinen Füßen, zerschellte und flammte auf. Chang verschwand in einem Feuerball.

»He«, sagte Douvee und senkte enttäuscht den Bogen. »Das is nicht fair.«

Nat packte ihn an der Schulter und zerrte ihn ins Gebüsch. »Ich bin ja nicht gerne ein Spielverderber, aber Chance braucht Hilfe, und wir sollen sie ihm besorgen. Jetzt kommen Sie schon!«

Fouchon stand mitten auf der brennenden Lichtung und kochte vor Wut, weil ihn ein paar Sumpflanddödel kalt erwischt hatten, und zwar eiskalt.

Als er Motorengeräusche hörte, blickte er auf. Zwei Range Rover stießen auf die Lichtung – doch Fouchons Kavallerie, zehn weitere schwerbewaffnete Jungs, war für dieses Gefecht zu spät gekommen.

Fouchon starrte hinaus in die Bayou-Landschaft. Irgendwo da draußen war Chance, und er kämpfte in seinem Element. Er wandte sich an Van Cleave.

»Hol den Helikopter. Sieh zu, daß du Boudreaux findest, und dränge ihn runter zum Bayou la Fouche.«

»Alles klar«, sagte Van Cleave.

»Alle anderen steigen in die Fahrzeuge«, befahl Fouchon. »Wir schneiden ihm am Point de Chien den Weg ab.« Die Männer kamen seinen Befehlen auf der Stelle nach. Es war nicht zu übersehen, daß Fouchon vor Wut schäumte und daß er es nicht gewohnt war, auf der Verliererseite zu stehen.

Neunzehntes Kapitel

Mit Vollgas pflügte Chance in Douvees Speedboot durch das dunkle Wasser des Bayous in Richtung Süden. Er wollte so schnell es ging einen größtmöglichen Vorsprung vor seinen gefährlichen Verfolgern gewinnen. Er wußte, daß er damit noch längst nicht aus der Bredouille war, aber mit ein bißchen Glück würde er den Point de Chien erreichen, bevor Fouchon seine Helfershelfer neu formieren und ihn weiter verfolgen konnte.

Unglücklicherweise sollte sich das als gar nicht so einfach erweisen. In allem Überfluß hörte er jetzt auch noch das Ratschen von Rotorblättern und das schrille Heulen eines Helikopters. Als er nach hinten blickte, sah er, wie der Hubschrauber knapp über den Baumwipfeln auftauchte, auf den Bayou herunterließ und rasend schnell auf ihn zukam.

Die seitliche Schiebetür des Helikopters öffnete sich, und Van Cleave tauchte auf, der seine Waffe – ein Schnellfeuergewehr mit einem kleinen Zusatzgerät auf dem Lauf, einem zum Abfeuern von 40mm-Gewehrgranaten vorgesehenen M-203-Granatwerfer – nach vorn in Anschlag brachte. Chance, der ihn zu einem überhasteten Schuß verleiten wollte, hob die Schrotflinte und feuerte in die Luft. Van Cleave antwortete mit einem wilden Feuerstoß von dreißig Schuß, die das Wasser neben dem Boot aufbrodeln ließen.

Chance hatte alle Hände voll zu tun, das Boot auf Kurs zu halten und gleichzeitig die Schrotflinte aufzuklappen und neu zu laden. Endlich hatte er die Patronen im Lauf und gab einen weiteren Schuß ab, doch der Helikopter kam weiter auf ihn zu.

Van Cleave setzte eine Granate auf die Abschußvorrichtung und stützte sich an der Türstrebe des Hubschraubers ab. Das Geschoß erzeugte beim Aufprall eine riesige Wassersäule, hinter der das Boot verschwand.

Der Helikopter raste über das Speedboot hinweg und flog dann eine enge Kurve. Das Boot war nirgendwo in Sicht, aber Van Cleave sah auch keine treibenden Wrackteile. Chance war noch nicht erledigt, er hatte sich irgendwo verkrochen.

»Wo, zum Teufel, ist er hin?« brüllte Van Cleave über den pfeifenden Wind hinweg.

Plötzlich schoß das Speedboot zwischen einigen über das Wasser des Bayous hängenden Zypressen heraus. Chance war nun direkt unter dem Helikopter und drückte beide Läufe ab. Rehposten prasselten gegen den Bauch des Fluggerätes und rissen einige Löcher ins Blech, richteten aber keinen ernsthaften Schaden an.

Chance zwängte das Boot in eine Rechtskurve und raste die Strecke zurück, auf der er gekommen war. Der Hubschrauber, dessen Pilot von dem Ausweichmanöver völlig überrascht war, hing suchend über dem Sumpf.

Van Cleave war außer sich vor Wut. »Du Idiot!« schrie er. »Dreh um!«

Der Helikopter legte sich hart in die Kurve und schoß hinter dem Boot her. Chance hielt auf eine wacklige Brücke zu, die einen Seitenarm des Gewässers überspannte. Als das Speedboot unter der Brücke durchraste, sprang Chance hoch und rammte die Schrotflinte zwischen zwei alte Holzpfeiler. Er wurde herauskatapultiert, und das Boot schoß unter ihm durch und hinaus ins offene Wasser.

Langsam und tödlich stieß der Hubschrauber herab, und Van Cleave machte sich zum Gnadenstoß bereit. Er setzte eine Gewehrgranate auf und feuerte sie auf das Cockpit des Speedbootes ab. Volltreffer. Das Boot verschwand in einer Wolke aus Feuer und Rauch.

»Erwischt«, sagte Van Cleave. Er winkte dem Hubschrauberpiloten zu und deutete auf das kochende Wasser. »Geh so tief wie möglich runter«, befahl er. »Ich will nachsehen.«

»Roger.«

Die Maschine sank um zirka dreißig Meter, und Van Cleave spähte auf das brennende Wrack hinunter, sah aber keine Spur von Chance – bis er aufblickte.

Er stand keine zehn Meter entfernt auf der Brücke und hatte die Schrotflinte auf das Cockpit des Hubschraubers angelegt. Van Cleave sah Chance gerade noch lächeln, bevor die Doppelläufige auf das Cockpitfenster auf der Pilotenseite losging. Das Plexiglas platzte, und das Cockpit verschwand in einer feinen Wolke aus Blut und Plastik.

Der Pilot, der auf der Stelle tot war, kippte vornüber auf die Armaturen. Protestierend jaulten die Triebwerke auf, als sich die Nase des Helikopters aufbäumte, bevor das ganze Fluggerät nach links wegsackte. Van Cleave sah das Wasser direkt unter sich. Es kam auf ihn zugerast.

Er konnte nichts weiter tun, als schützend den Arm hochzureißen und zu hoffen und beten, daß er den Aufprall überstehen und noch eine Gnadenfrist bekommen möge, um die Rechnung mit Chance zu begleichen.

Als der Hubschrauber aufschlug, befanden sich Douvee und Nat etliche Kilometer weiter weg auf einem Feld und fingen zwei Pferde ein, die einem Nachbarn gehörten, dem der alte Mann nicht gerade zugetan war. Aber sie hörten das Geräusch und sahen eine Wolke dichten, öligschwarzen Rauches in den Himmel steigen.

»Wir müssen zurück und Chance helfen«, sagte sie drängend.

»Sie liegen zur *Hälfte* richtig«, sagte Douvee, schlang sich den Bogen um die Schulter und ging auf eines der Pferde zu. »*Ich* muß zurück und Chance suchen. Sie müssen Sheriff Quave suchen.«

»Den Teufel tu ich.« Nat stieg auf ihr Tier und riß das Pferd herum. »Bis wir in der Stadt sind, könnte es zu spät für ihn sein. Chance braucht *jetzt* Hilfe.«

Douvee, der sich zu Pferd sichtlich unwohl fühlte, saß verkrampft und stocksteif auf dem Rücken seines Reittieres. »Okay, Missie, Sie wollen den Helden markieren? Aber daß Sie mir ja nichts vorflennen, wenn Sie sich den Hintern wund reiten. Okay?«

»Kein Problem.« Sie gab ihrem Pferd die Sporen und ließ Douvee rasch hinter sich, als sie flott und gekonnt davongaloppierte.

»Okay«, sagte er zu seinem phlegmatischen Tier und trat ihm in die Flanken. »Verflucht! LOS!«

Das Pferd legte einen beachtlichen Trott hin, doch Douvee, der Nat einholen wollte, ging es noch nicht schnell genug. Er drängte das Pferd vorwärts, zwang es erst zu einem Trab und dann, endlich, zum Galopp.

»Und auf geht's!« Douvee hielt auf einen niedrigen Zaun zu, doch sein Tier hielt nichts vom Springen. Das Pferd sah das Hindernis, verharrte mitten im Lauf, und der alte Mann segelte Hals über Kopf herunter.

Nat hatte bereits die Zügel angezogen. »Das ist nicht die richtige Zeit für Spielchen«, brüllte sie. *»Legen Sie einen Zacken zu!«*

Zwanzigstes Kapitel

Vor langer Zeit hatte ein wohlmeinender Mensch versucht, etwas Industrie ins Land der Bayous zu bringen, und zu diesem Zweck eine Zuckerfabrik mit einem Lagerhauskomplex draußen am Ende der Route 21 errichtet – ein großspuriger Name für den knapp zehn Kilometer langen, zerfurchten und unbefestigten Fahrweg, der in der Trockenzeit staubte und sich während des übrigen Jahres in einen Schlammsee verwandelte. Die Zuckerfabrik hatte einige Jahre lang Gewinn abgeworfen, war aber schließlich pleite gegangen, als der heimische Zuckerpreis ins Bodenlose fiel.

Der Besitzer war so restlos bankrott gewesen, daß er es sich nicht einmal mehr hatte leisten können, die Lagerhäuser abzureißen und als Bauschutt zu verkaufen. Die Fabrik war rasch verfallen, diente nun Vögeln als Unterschlupf und war vom Tropenwald überwuchert. Das danebenstehende Lagerhaus, in der näheren Umgebung als Mardi-Gras-Friedhof bekannt, enthielt einige alte, baufällige Flöße, wie sie alle Jahre wieder beim berühmten Karnevalsumzug in New Orleans verwendet werden.

Chance war froh, daß er es so weit geschafft hatte. Die Zuckerfabrik war ein guter Platz zum Ausruhen und bot zudem die Gelegenheit, seinen Verfolgern eine Falle zu stellen. Leider war das Tor abgeschlossen. Heftig rüttelte er an dem rostigen Vorhängeschloß. Hinter sich konnte er bereits das Knattern der Motorräder hören, vermutlich die Vorhut von Fouchons weitaus größerer Hauptmacht.

Er mußte jetzt untertauchen. Chance zögerte keine Sekunde. Er setzte die Schrotflinte an das Schloß, drückte ab und schoß das alte Eisenteil zu Klumpen. Er stemmte sich mit dem Rücken gegen den Rahmen, schob die breite Schiebetür zurück und schlüpfte hinein ins Dämmerlicht.

Der Lagerraum der Fabrik bot ein trostloses Bild. Zwischen rostigen Maschinenteilen lagen Paletten und Kisten herum, und von den Querstreben hoch unter den Dachsparren baumelten Ketten und Seilzüge herab.

Begleitet von einem Kugelhagel kamen die zwei Motorräder durch die Tür gerauscht. Chance, der nun um sein Leben rannte, hechtete über einen rostenden Generator und stürmte eine lange Gasse zwischen mächtigen Maschinen entlang. Querschläger jaulten und schlugen Funken, bevor sie irgendwo in den Raum davonpfiffen.

Die Motorräder kurvten durch die Maschinenstraßen und zwischen den Kisten herum und suchten das Erdgeschoß der Fabrik ab. Dann blieben sie mit leerlaufenden Motoren stehen. Die Fahrer drehten die behelmten Köpfe von der einen Seite zur anderen.

»Wo steckt er?« fragte der eine. Seine Stimme klang gedämpft unter dem Visier seines Sturzhelms durch.

»Null Ahnung«, sagte sein Begleiter.

Dann hörten sie irgend etwas. Hoch über ihnen ertönte ein Rascheln. Beide blickten sie nach oben und sahen einen riesigen, von den Schüssen und dem Motorengeräusch aufgescheuchten Schwarm Tauben, die nun gurrend und flatternd zwischen den Dachsparren herumflogen. Als wolle sie einen Kommentar zu den Vorgängen da unten abgeben, ließ eine der Tauben einen Klecks grauweißer Vogelscheiße fallen, die mitten auf das nach oben gewandte Visier des einen Motorradfahrers klatschte.

»Gottverdammt.«

»Ha-ha«, meinte sein Kompagnon. »Das ist komisch.«

»Ich bring die Mistviecher um.« Er hob seine Waffe.

»Laß es«, sagte der andere Motorradfahrer. »Wir sollen hier ein menschliches Mistvieh umbringen.« Er gab Gas und röhrte los.

Doch er konnte es nicht lassen. Er ballerte ein ganzes Magazin in die Dachsparren und war erst zufrieden, als eine Wolke aus grauen Federn heruntersank. Als er sich endlich wieder vom Dach losreißen konnte, mußte er zu seinem Pech feststellen, daß er mitten in Chances doppelläufige Schrotflinte blickte.

Laut hallte der Knall in der Fabrik wider, als der Mann von beiden Ladungen zerrissen wurde.

Vor den Fabrikgebäuden sammelten sich Fouchon und seine Männer. Er war überrascht, als Pik Van Cleave und die anderen Überlebenden des Absturzes naß, schmutzig und mit Blasen an den Füßen zu ihnen stießen.

»Was, zum Teufel, ist passiert?« rief Fouchon.

Van Cleave stiefelte zum Range Rover und schnappte sich seine Lieblingswaffe, eine automatische Schrotflinte der Marke Browning. Wütend schob er Patronen in die Waffe. »Wonach sieht's denn aus, verflucht noch mal?«

»Der Hundesohn hat euren Hubschrauber runtergeholt«, sagte Carlos. Er war möglicherweise noch wütender als Van Cleave.

Niemand sagte ein Wort, während sie alle darauf warteten, daß Fouchon angesichts der Nachricht von diesem Rückschlag in die Luft gehen würde. Doch er reagierte nicht wütend. Statt dessen fing er an zu lachen, ein kaltes, höhnisches Lachen. Van Cleave, der es nicht gewöhnt war, ausgelacht zu werden, starrte Fouchon finster an. Zum ersten Mal wurde die Spannung zwischen Anführer und Gefolgsmann deutlich.

»Was ist daran so gottverdammt komisch?« wollte Carlos wissen.

»Nun«, sagte Fouchon und wischte sich die Augen, »es scheint, als würde unser Einsatz nicht aus der Luft entschieden werden.«

Carlos' Temperament drohte überzukochen. Er pflanzte sich vor Fouchon auf und tippte ihm forsch auf die Brust. »Sie sehen aber auch nicht grade so aus, als würden Sie ihm die Hölle heiß machen, Mann.«

Fouchon lachte nicht mehr. Sein Blick war eiskalt, als er mit gesenkter Stimme sagte: »Oh, das werde ich schon noch, Mr. Guzman. Und wenn ich mit ihm fertig bin, werde ich Ihnen die Hölle heiß machen, mein verehrter, schmieriger Freund von einem Drogendealer.«

Carlos reichte es nun endgültig. Er riß das Bolo-Messer aus dem Gürtel und hieb wütend nach Fouchon. Ein schwerer Fehler. Und es sollte auch sein letzter sein.

Blitzschnell parierte Fouchon die Attacke, verdrehte Carlos' Arm und hieb ihm heftig gegen den Ellbogen. Der Arm brach mit einem lauten Knacken, viel lauter aber war Carlos gequälter Schrei. Das Messer fiel zu Boden, gefolgt von Carlos.

»Okay, okay«, keuchte er. »Das reicht. Ich geb auf.«

Fouchon schüttelte den Kopf. Wenn ihn jemand mit der Waffe bedrohte, gab es nur eines. Selbst wenn er gewollt hätte, hätte sich Fouchon nicht bremsen können. Und er wollte nicht.

Er packte Carlos' Arm, streckte ihn wie einen Abziehriemen und trat zweimal rasch dagegen. Beim ersten Tritt brach das Handgelenk, beim zweiten der Oberarmknochen knapp unter der Schulter, und an drei Stellen spießte der Knochen durch die Haut. Carlos war vor Schmerzen fast besinnungslos.

Fouchon hoffte, daß er noch so weit bei Bewußtsein war, um ihn hören zu können. Seine Stimme klang eisig wie Gletscherluft. »Das mit dem Arm, Guzman, war nur zum Spaß.«

Dann verpaßte er ihm den Todesstoß. Fouchon zerrte

Carlos vom Boden hoch, stieß dem unglücklichen Kriminellen das Knie unter die Schädelbasis, packte ihn mit beiden Händen unter dem Kinn und riß es abrupt nach oben. Selbst die harten Jungs rundum zuckten bei dem ekelerregenden Knacken von Carlos' Genick zusammen.

Carlos' Genick war gebrochen. Er verdrehte die Augen und fiel zu Boden, wo er noch ein-, zweimal in grotesker Verrenkung zuckte.

Fouchon hatte jedes Interesse an seinem Opfer verloren und wandte sich wieder den übrigen Männern zu. Er hatte ihre ungeteilte Aufmerksamkeit.

»Gentlemen, lassen Sie mich die taktische Lage rekapitulieren«, sagte er forsch. »Boudreaux wurde unter ständigem Nachsetzen fünfzehn Kilometer weit durch offenes Gelände verfolgt. Nun ist er in die Ecke gedrängt und uns zahlenmäßig zehn zu eins unterlegen.« Sein Tonfall änderte sich. Es klang jetzt herablassend und hämisch. »Er ist ein lästiges kleines Insekt, das ich zertreten sehen möchte. *Kräftig*. Und jetzt rücken wir vor!«

Die Männer schwärmten aus, als wollten sie eine heftig verteidigte Festung stürmen, und rückten tief geduckt in die Fabrik vor.

Van Cleave schaute betroffen und verwirrt zu seinem Boß hinüber. In all ihren gemeinsamen Jahren hatte er noch nie erlebt, daß er so die Beherrschung verlor.

Fouchon war sich der musternden Blicke bewußt. Er wandte sich an seinen Untergebenen.

»Du bist doch nicht etwa böse auf mich, nicht wahr, Pik?« Sein Tonfall verriet, daß es ihm in diesem Augenblick nichts ausmachen würde, wenn er auch Pik Van Cleave ins Jenseits befördern mußte.

Van Cleave war tapfer und rücksichtslos, doch nicht einmal er hatte den Mut zu einem weiteren Widerwort.

»Nein, natürlich nicht. Bringen wir die Sache zu Ende, eh?«

Fouchon verzog das Gesicht zu einem kalten Lächeln, als Van Cleave gehorsam hinter den anderen in die Fabrik glitt.

Immer auf Deckung achtend, schlich Chance den schmalen Laufsteg entlang, klappte die Schrotflinte auf und warf im Gehen die Patronenhülsen aus. Er tastete in seinen Taschen herum und stellte zu seinem Entsetzen fest, daß er nur noch eine Patrone übrig hatte. Rasch lud er die Waffe und hechtete sofort zu Boden, als eine Maschinenpistolengarbe knapp neben seinem Kopf in die Wand schlug.

Mit feuerspuckender Maschinenpistole kam der zweite Motorradfahrer aus dem Nichts geschossen. Die Kugeln trafen den Lauf der Schrotflinte und rissen Chance die Waffe aus der Hand. Mit aufheulendem Motor riß der Motorradfahrer die Maschine in eine enge Kehre und kam wieder auf ihn zugeschossen.

Doch Chance sprang bereits zu einem vom Dach herunterbaumelnden Flaschenzug. Er schwang das schwere Gerät dem Fahrer in den Weg, so daß der Metallhaken den Mann genau unter dem Kinn erwischte. Der Motorradfahrer wurde vom Sattel gerissen und knallte so heftig auf den Boden, daß sein Helm wie ein rohes Ei zersplitterte.

Chance hechtete zu dem Motorrad, schwang sich darauf, schnappte sich die Maschinenpistole und röhrte davon.

Chang und weitere sechs Männer kamen ihm als erste in die Quere. Sie stürmten gerade eine Maschinenstraße entlang, als Chance mit auf sie gerichteter Maschinenpistole auf sie zugerast kam. Mit aufheulendem Motor sprang Chance auf seinem fahrbaren Untersatz über einen der Fabriktrümmer und riß den Bock nach hinten, so daß sich die Maschine in eine motorbetriebene Ramme verwandelte. Das Vorderrad prallte gegen die Brust des vordersten Mannes, legte ihn flach und zermalmte ihn unter den Reifen.

Chance legte die Maschine flach, so daß sie über den Zementboden schlitterte, und gab zwei genaue, wohldosierte Feuerstöße aus der Maschinenpistole ab. Zwei weitere Männer fielen im Kugelhagel.

Eine seltsame Ruhe überkam Chance; er schien in dem Tumult um sich herum regelrecht aufzugehen. Es war, als habe er übersinnliche Wahrnehmungsfähigkeiten, als verleihe ihm das durch seine Adern pulsierende Adrenalin eine neue, ungeahnte Kraft.

Er spürte links von sich eine Bewegung, riß das Motorrad um hundertachtzig Grad herum und gab im Wenden Dauerfeuer. In einer einzigen fließenden Bewegung fällte er zwei, drei, dann vier seiner unglücklichen Gegner.

Dann war das Magazin leer. Das harte metallische Klikken der nutzlosen Waffe brachte Chance wieder in die Wirklichkeit zurück. Er warf die Waffe weg und rannte los, als ihn beinahe einer von Changs Pfeilen erwischt hätte. Die rasiermesserscharfe Spitze fuhr Millimeter vor der Halsschlagader unter seinem Kinn hindurch; eine der Federn streifte seine Haut und hinterließ einen tiefen Riß. Blut rann ihm den Hals hinab und tränkte sein Hemd.

Der Feind rückte näher. Die Stahlträger um ihn herum dröhnten, als von irgendwoher Schrotladungen auf sie prasselten.

Chance rannte. Van Cleave, die rauchende Schrotflinte in der einen Hand, eine kleine Handgranate in der anderen, stand hinter ihm. Mit den Zähnen zog er die Nadel, dann warf er die Granate. Die Explosion erschütterte das alte Gebäude bis auf die Grundfesten. Hundert Meter weit flogen rundum die Splitter und zertrümmerten das Glasdach.

Langsam rückte Van Cleave hinter dem abziehenden Rauch vor, so, als habe er zur Tarnung des angreifenden Bataillons Einnebelung aus der Luft angefordert. Neben einem Haufen zersplittertem Holz blieb er stehen. Da war keine Leiche, nicht einmal Blut. Kein Zeichen von Chance. Geradeaus war ein dunkler Durchgang, der direkt in das an die Fabrik angrenzende Lagerhaus führte. Chance konnte nur diesen einen Weg genommen haben. Van Cleave setzte ihm nach, wild entschlossen, die Sache ein für alle Male zu Ende zu bringen.

Das Lagerhaus war groß und weiträumig, so mächtig und luftig wie eine gotische Kathedrale. Licht drang durch die Oberlichter hoch oben herein und waberte durch die staubige Luft.

Zu Van Cleaves Füßen lag ein Toter – nicht Chance. Es

handelte sich um einen von Fouchons Gorillas. Der Südafrikaner hatte keinen Ton gehört, deshalb nahm er an, daß Chance plötzlich aus dem Dämmerlicht aufgetaucht war und ihn mit bloßen Händen getötet hatte. Eines wußte Van Cleave mit Sicherheit – das Holster des Mannes war leer. Chance hatte wieder eine Waffe.

Er hörte Schritte hinter sich. Mit schußbereiter Waffe wirbelte er herum.

»Ruhig, Pik«, sagte Fouchon. »Ganz ruhig.«

Fouchon führte seinen übriggebliebenen Schlägertrupp sowie die speziellen Gäste an. Stephan, der Russe, entdeckte einen Schaltkasten, und ein paar trübe Lichter gingen an. In einer Ecke des riesigen Raumes stapelten sich etliche alte Mardi-Gras-Flöße. Unter Staub und Spinnweben ragten die Dekorationen auf. Grinsende Kaninchen, Comicfiguren, chinesische Drachen, aber auch traditionellere Motive wie King Rex, der Fürst des Mardi Gras, lagen wild durcheinander. Es sah gespenstisch aus, als wären die Männer auf die Götzen einer längst vergessenen heidnischen Religion gestoßen.

Fouchon trat neben Van Cleave und musterte leidenschaftslos den toten Mann zu ihren Füßen.

»Mister Boudreaux kann ruhig den einen oder anderen Treffer erzielen«, murmelte er. »Wir müssen nur einmal treffen.«

Neun Augenpaare suchten den riesigen Raum ab, achteten auf jede Bewegung. Fouchon hob die Stimme. »Boudreaux hat eine Pistole, Gentlemen. Bitte sehen Sie zu, daß Sie nicht in seine Feuerlinie geraten.«

Billy Bob und Stephan, die als erste vorrücken sollten, traten vorsichtig ins Dämmerlicht. Der Russe, das langläufige Druganow feuerbereit, übernahm die Spitze, während sie einen langen, dunklen Durchgang zwischen den Flößen absuchten. Billy Bob deckte nach hinten ab und sicherte mit seinem M-60 zugleich die Flanken.

Stephan bog um eine Ecke und sah etwas, eine dunkle Gestalt, die zwischen den Flößen verschwand. Er eröffnete das Feuer, und die Kugeln bohrten sich in Pappmaché und rissen einer riesigen Figur den hohen, rot-weiß-blauen Zylinderhut vom Kopf. Voller Entsetzen sah Billy Bob zu, wie Uncle Sams uramerikanisches Gesicht von dreißig Kugeln zerfetzt wurde.

Dem Patrioten platzte vor Wut der Kragen. Er schlug den Lauf von Stephans Waffe nach unten.

»Was, zum Teufel, denkst du dir überhaupt, Mann? Du hast grad Uncle Sam zu Klumpen geballert!«

Stephan drehte sich um. »Tut mir leid.«

»Das will ich hoffen, Mann.«

»Ist doch bloß eine Figur.«

»Den Teufel ist er.«

»Machen Sie sich nicht lächerlich.«

»Kommunistensau!«

Keiner von ihnen bemerkte Chance, bis es zu spät war. Er unterlief Stephans langläufige Waffe, setzte ihm die Pistole ans linke Auge und drückte ab. Der Hinterkopf des Russen wurde weggerissen und sprenkelte Billy Bob mit Blut und Haaren.

Der Russe drehte sich um die eigene Achse und sank zu

Boden. Billy Bob konnte seine schwere Waffe nicht einsetzen, holte aber mit seiner mächtigen Pranke nach Chance aus und erwischte ihn am Kinn, so daß er zwei Meter durch die Luft flog und die Waffe verlor, die scheppernd in der Dunkelheit verschwand.

Lächelnd hob Billy Bob den Lauf seiner schweren Waffe. »Zeit zum Heulen und Zähneklappern, Fuckarsch.«

Bevor er abdrücken konnte, war Chance wieder auf den Beinen und kam auf ihn zugewirbelt. Das schwere Geschütz dröhnte los, Kugeln zerpflügten den Betonboden, fetzten in die Flöße und zerstörten alles, was ihnen in die Quere kam.

Mit diesem Gewehr konnte man Bäume fällen, aber Billy Bob hatte bei der Wahl seiner Waffe einen entscheidenden Fehler begangen. Eine derart schwere Waffe war bestens für den Einsatz im offenen Gelände geeignet, aber sie eignete sich nicht für den Nahkampf. War Chance erst an der Mündung vorbei, dann konnte er seinerseits zuschlagen.

Zuerst verpaßte er seinem Gegenüber einen Kniestoß unters Kinn, aber das reichte nicht, um den zweieinhalb Zentner schweren Brocken aus Georgia zu fällen.

Rasch tat er zweierlei. Chance streckte die linke Hand aus und packte den Munitionsgurt des Maschinengewehrs. Die Waffe schwieg augenblicklich.

»So ein Scheiß!«

Mit der rechten Hand griff er in Billy Bobs Gürtel, riß den dort befindlichen 45er heraus und verpaßte dem

Schwergewicht acht großkalibrige Kugeln in die Brust. Unter der Wucht der Treffer stand Billy Bob einen Augenblick wie erstarrt, ließ dann das Maschinengewehr fallen und kippte um wie ein gefällter Baum.

Douvee hatte sein Pferd stehenlassen und saß nun krampfhaft festgeklammert hinter Nat, die sich mit ihrem gerade einen Weg durch ein Zuckerrohrfeld bahnte. Sie waren so nahe bei der Fabrik, daß sie das unaufhörliche Rattern und Krachen hören konnten.

»Nächstes Mal klauen wir uns ein Auto«, sagte Douvee, als Nat das Pferd vor der Fabrik zügelte. Er rutschte von dem Tier herunter und rieb sich den Hosenboden, während er auf den Lärm im Inneren des mächtigen Gebäudes horchte. »Tja, ich nehm doch stark an, wir sind am richtigen Ort.«

Unbehaglich musterte Nat das Gebäude. Angesichts der vor ihr aufragenden Fabrik voller schwerbewaffneter Männer wußte sie nicht recht, was sie tun sollte.

»Und, was jetzt?«

Douvee holte den Bogen von der Schulter und legte einen Pfeil ein. »Ganz einfach, Cheri.«

Sie starrte ihn an. »Einfach?«

»Jawoll. Wir müssen nichts weiter tun, als den Pfeil in jemanden bohren, der nicht auf den Namen Chance Boudreaux reagiert.«

Die Augen gebannt in die Dunkelheit gerichtet, rückten vier Mann unter Führung von Jerome vor. Sie waren Profis, die ihren Vormarsch sorgfältig sicherten, unter keinen Umständen einen Fehler machen wollten.

Hinter eine riesige Daffy-Duck-Figur geduckt, checkte Chance seine Waffe. In seinem 45er Colt befand sich nur noch eine Kugel. Die bösen Buben waren nur mehr hundert Meter entfernt. Irgendwie mußte er sich eine neue Knarre beschaffen, und dazu mußte er die einzige Waffe benutzen, die ihm zur Verfügung stand: den Überraschungseffekt.

Er holte tief Luft, stürzte aus seiner Deckung und stürmte direkt auf die Gegner zu. Mit seiner letzten Kugel landete er einen Volltreffer und erwischte den vordersten Mann knapp über der Nasenspitze. Der Mann fiel noch, als Chance schon seine Pistole aus der Luft schnappte wie ein Läufer den Schlagball. Er eröffnete auf der Stelle das Feuer. Ein weiterer Mann kippte um.

Chance überzog die ganze Gruppe mit mörderischem Feuer, daß die Kugeln durch Fleisch und Knochen fuhren und in eine Reihe entlang der Wand gestapelter rostiger Ölfässer hämmerten. Mit einem Mal war die Luft geschwängert mit dem beißend scharfen Geruch von Benzol, einem industriellen Lösungsmittel. Es ist hochexplosiv.

Flüssigkeit lief aus und bildete einen großen dunklen Fleck am Boden. Sie sammelte sich um Jerome, der so scharf darauf war, Chance zu töten, daß er nichts um sich herum mehr wahrnahm. Er drückte zweimal ab und warf die heißen Patronenhülsen in die Benzollache aus. Es gab ein lautes *Wuusch*, und Jerome war in Feuer eingehüllt.

Aber obwohl er in hellen Flammen stand, war Jerome entschlossen, nicht ohne Chances Skalp abzutreten. Wie eine Höllengestalt stürzte er vorwärts und ballerte los. Chance warf sich zur Seite und leerte seine Waffe auf Jerome, riß das leere Magazin heraus und griff zum nächsten.

Dann kam ein Pfeil durch die Feuerwand geflogen. Er bohrte sich in Chances Schulter und nagelte ihn an das nächste Floß. Die Pistole fiel ihm aus der Hand und rutschte außer Reichweite. Festgenagelt wie er war, hatte er keine Chance, an die Waffe zu kommen.

Das prasselnde Feuer warf scharfe Konturen in die Ekken und Winkel des Lagerhauses. In diesem Augenblick trat Mr. Chang aus der Dunkelheit, einen Pfeil auf der Sehne und bereit zum tödlichen Schuß.

Er genoß bereits den Gewinn der Fünfhunderttausenddollarwette, als sich wie durch ein Wunder ein Pfeil in sein Herz bohrte. Der Aufprall warf Chang zurück und schleuderte ihn wie einen toten Hasen in die Flammen.

Douvee und Nat rannten zu Chance. Angesichts des Pfeiles, der aus ihm ragte, zuckte sie zusammen.

»O mein Gott«, schluchzte Nat. »Was können wir bloß machen?«

»Das«, sagte Douvee. Er griff zu, brach die Federn vom Pfeilschaft und riß Chance von der Wand weg. Dann drückte er ihm ein schmutziges Taschentuch auf das hervorquellende Blut.

»Ich hab gedacht, du holst Hilfe«, brachte Chance keuchend hervor.

»Hab ich doch. Oder bin ich etwa keine Hilfe?« sagte der alte Mann griesgrämig. »Grade als es so ausgesehen hat, als ob du auf den Bratwurstgrill wanderst, sind wir gekommen.«

Chance bückte sich und klopfte den nächstliegenden Ganoven ab. Er stieß auf eine 9mm-SIG-Pistole und ein Reservemagazin. Beides reichte er Nat.

»Das wirst du brauchen«, sagte er finster. »Ist'n weiter Weg bis zur Straße.«

»Du mußt mitkommen«, bettelte Nat.

Chance schüttelte den Kopf. »Nein.«

»Warum denn nicht?« beharrte Nat. »Du bist verletzt. Was kannst du hier denn schon ausrichten?«

Chance versuchte die Schmerzen abzuschütteln. »Und was kann ich ausrichten, wenn ich flüchte? Und wohin soll ich flüchten? Die Typen machen das, weil's ihnen gefällt. Die hören so lange nicht damit auf, bis jemand sie dazu zwingt.«

Chance hob seine Pistole vom Boden auf. »Wenn du hierbleibst, jagen sie uns. Wenn du gehst, jage ich sie.« Er setzte sich in Bewegung. »Geh zur Straße zurück«, sagte er schroff.

»Ganz einfach«, erwiderte Douvee. »Wir müssen bloß lebendig aus dem verfluchten Bau aus.«

Einundzwanzigstes Kapitel

Van Cleave und Fouchon führten jetzt nur mehr eine arg verschreckte Truppe von fünf bezahlten Gorillas an. Fouchon war vor Rachedurst fast außer sich, während Van Cleave schlicht und einfach stocksauer war. Nichts lief wie vorgesehen, und obwohl sie sich in einem abgelegenen Landesteil befanden, konnten sie nicht ewig hinter Chance herjagen und in der Gegend herumballern. Irgendwann würde die Polizei aufkreuzen, und Van Cleave war nicht der Mann, der scharf darauf war, ins Gefängnis zu kommen – vor allem nicht in ein amerikanisches Gefängnis, wo Schwarze und Weiße unzivilisierterweise Zellen, Speise- und sogar Baderäume teilten.

»Wir brauchen diesen Mist nicht«, knurrte er. »In fünf Stunden könnten wir in Mexiko sein.«

»Was ist denn los, Pik«, höhnte Fouchon. »Erzähl mir bloß nicht, daß dich die Jagd auf Besoffene in finsteren Gassen verweichlicht hat.«

Van Cleaves Augen funkelten wütend. Wenn sie diesen Schlamassel erst hinter sich hatten, würde er sich Mr. Emil Fouchon gehörig zur Brust nehmen. »Ich habe nicht vor zu sterben, nur damit du dir einen verfluchten Kopf mehr über den Kamin hängen kannst.«

Douvee und Nat krochen durch das Lagerhaus und versuchten verzweifelt, jeden weiteren Zusammenstoß mit den Bewaffneten zu vermeiden. Sie passierten gerade die Büros der Fabrik, als im Flur hinter ihnen Schritte hallten. Douvee ergriff Nats Hand, zog sie in das Büro und duckte sich mit ihr hinter einen Schreibtisch.

Einen Augenblick später tauchten Van Cleave und einer der Gauner in der Bürotür auf und traten ein, wobei sie nur Zentimeter vor Nats Gesicht vorbeigingen. Dann ging Van Cleave ins Büro nebenan, während der Killer stehenblieb und dieses durchsuchen wollte.

Vorsichtig stellte er sich auf die Zehenspitzen, spähte über den Schreibtisch, entdeckte Douvee und lächelte. Er hob seine Pistole und wollte gerade abdrücken...

Nat feuerte unter dem Schreibtisch hervor auf die Beine des Gangsters. Ein halbes Dutzend Schüsse fuhr ihm in Knöchel und Schienbein und riß ihm die Beine unter dem Körper weg. Douvee stand hinter dem Schreibtisch auf und schoß einen Pfeil auf den gefallenen Schurken ab. Der Pfeil durchbohrte das Herz und drang in den Holzboden ein. Wieder einer weniger.

»Raus hier«, sagte Douvee.

Van Cleave war bereits auf dem Sprung und rannte in den anderen Raum, als er das Schußfeuer hörte. Er entdeckte Nat und Douvee, die sich gerade in Sicherheit bringen wollten, hob die Waffe und machte sich schußbereit. Da tauchte unverhofft Chance auf, in beiden Händen eine Pistole, und überzog die Büroräume mit einem Kugelhagel. Van Cleave wirbelte durch den Bleiregen, zog sich zurück und hechtete hinter einem dünnwandigen Raumteiler in Deckung.

Chance warf sich in den Raum und hechtete ebenfalls zu dem Raumteiler. Nun war er auf der einen und Van Cleave auf der anderen Seite.

»Jetzt heißt's, du oder ich, Fucker«, schrie Van Cleave. »Und diesmal kannst du dich nicht in dem verfluchten Sumpf verkriechen.«

Der Raumteiler war lediglich eine dünne Rigipsplatte. Plötzlich flog die fadenscheinige Wand in Fetzen, als Van Cleave seine Waffe abfeuerte. Chance duckte sich unter dem Regen aus Schrotkugeln und Gips und rannte los. Van Cleave schoß im Laufen und hielt sich parallel zu Chance. Die Männer ballerten durch die Wand aufeinander, bis die Luft vor Kugeln, Holz, Rehposten und Glas schwirrte – ein heftiges Feuergefecht auf engstem Raum.

Chance ging gerade hinter einem umgekippten Schreibtisch in Deckung, als Van Cleave durch den Raumteiler hechtete. Die Schrotflinte donnerte ihre Ladung in den Raum, doch die Rehposten prallten vom grauen Metall des Schreibtisches ab. Chance wußte, daß es höchste Zeit war. Er kam aus seinem Versteck hoch und feuerte aus beiden Waffen, was das Zeug hielt.

Der erste von sechzehn Schuß bohrte sich in den Südafrikaner und schleuderte ihn gegen die Überreste der zerfetzten Wand. Van Cleave krümmte sich, als das heiße Blei durch seinen Kopf fuhr, sank dann zu Boden und blieb als blutiges, zerfetztes Bündel liegen.

Keuchend und mit glasigen Augen lag Van Cleave am Boden und starrte auf Chances Gesicht – das letzte, das er in seinem Leben sehen sollte.

Doch es war noch nicht vorbei. Rasch schnappte sich Chance, was von Van Cleaves Waffenarsenal übriggeblieben war, stopfte sich die Taschen voller Handgranaten und schob Patronen in die automatische Schrotflinte.

Da kam auch schon der nächste Feuerstoß und fuhr in den Schreibtisch neben Chance. Fouchon, der als einziger übriggeblieben war, hatte seine Beute gefunden und gestellt. Sofort kauerte Chance hinter dem Schreibtisch, während Fouchon das Büro unter Feuer nahm. Plötzlich gab seine Waffe nur mehr ein Klicken von sich. Nie hätte der alte Fouchon sich von seiner Wut soweit hinreißen lassen dürfen, daß ihm die Munition ausging, bevor er seine Beute im Sack hatte.

Unter dröhnenden Schüssen aus der Schrotflinte rollte sich Chance hinter dem Schreibtisch hervor. Rund um Fouchon explodierten die Wände, doch der Schurke war flink. Hakenschlagend wie ein guter Außenstürmer verschwand er in dem verwinkelten Lagerhaus.

Chance war ihm auf den Fersen. Als Fouchon an einem Stapel Ölfässer vorbeisprintete, zielte Chance, feuerte, und ein Faß ging in einem Feuerball auf. Fouchon verschwand in einer Wand aus orangefarbenen und schwarzen Flammen.

Chance trat einen Schritt zurück und warf sich dann Hals über Kopf durch die Flammenwand. Er hechtete durch das Inferno und tauchte versengt und qualmend auf der anderen Seite wieder auf.

Fouchon stand nun mitten im Lagerhaus, mit dem Rükken zu einem riesigen, mit chinesischen Drachenfiguren bestückten Floß. Er hatte die Arme um Nat geschlungen und drückte ihr einen Pfeil an die Kehle.

Nicht weit entfernt lag Douvee, einen Pfeil in der Schulter. Er war bewußtlos, atmete flach und gepreßt, und jegliche Farbe war aus seinem Gesicht gewichen.

Chance hob die Schrotflinte und trat einen Schritt vor. Hinter ihm loderte die Flammenwand.

»Versuchen Sie's gar nicht erst, Boudreaux«, sagte Fouchon ruhig. Die rasiermesserscharfe Pfeilspitze ritzte Nats Haut. »Ich schwöre Ihnen, ich mache sie zu Mus.«

»Leg ihn um!« brüllte Nat, und ihre Stimme hallte in dem riesigen Lagerhaus wider.

Fouchon war nun wieder ganz cool. »Oh, das wird er schön sein lassen, Miss Binder. Nicht wahr, Boudreaux?«

Angesichts seiner Lage von jäher Frustration übermannt, krümmte sich Chance über seine Waffe. Eine Schrotflinte war alles andere als schußgenau. Er hatte keinerlei Möglichkeit, Fouchon aus dem Verkehr zu ziehen, ohne zugleich auch Nat in Fetzen zu schießen.

»Ziehen Sie den Schlagbolzen zurück«, befahl Fouchon. »Und werfen Sie die Patrone aus.«

Chance rührte sich nicht.

»Machen Sie schon, oder ich schneide ihr die Nase ab.«

Chance ließ die Schultern hängen, zog den Schlagbolzen zurück und warf die Patrone aus. Fouchon blieb weiter auf der Hut.

»Und jetzt nehmen Sie die Waffe in die linke Hand und werfen sie weg.«

Chance warf die Waffe zu Boden. Sie schlitterte über

den Beton und blieb vor dem chinesischen Drachenfloß liegen.

»Gut«, sagte Fouchon. »Ich muß Sie wirklich beglückwünschen, Boudreaux. Sie waren ein interessanter Gegner. Daß sich das Mädchen eingemischt hat, kann ich ja verstehen – für sie war es eine Familienangelegenheit. Aber bei Ihnen! Sie hatten keinerlei Verpflichtung gegenüber ihr oder ihrer Familie.«

»Wirklich nicht?«

Fouchon drückte noch immer den Pfeil an Nats Kehle. Vorsichtig schob er sich mit ihr zu der Stelle, wo die Schrotflinte liegengeblieben war.

»Armut allein schafft doch nicht soviel Gemeinsamkeit, daß sich dafür zu sterben lohnt«, fuhr Fouchon fort. Er schien sich aufrichtig dafür zu interessieren, was Chance dazu bewegt hatte, sein Leben für Fremde zu riskieren. »Erklären Sie mir doch, was der Grund dafür war, daß Sie mein Leben so außerordentlich kompliziert haben.«

Chance zuckte mit den Achseln. »Auch arme Leute langweilen sich.«

Fouchon verzog das Gesicht zu einem knappen, wissenden Lächeln. »Ja«, sagte er, »ich nehme an, das stimmt.«

Dann stieß er Nat weg und langte nach der Waffe. Als Fouchon sich bückte, wandte er den Blick einen Sekundenbruchteil zu lange von Chance ab, so daß dieser in die Tasche greifen und eine Granate herausholen konnte. Er zog die Nadel, hechtete auf Fouchon und stopfte dem Schurken die geballte Ladung hinten ins Hemd. Dann warf er sich über Nat und riß sie aus dem Wirkungsbereich der Granate.

Wenn es nicht so tödlich gewesen wäre, hätte es komisch sein können. Fouchon hüpfte und sprang mit einem Mal herum und klopfte sich ab, als sei ihm eine Biene in die Wäsche geflogen. Er schüttelte die Handgranate aus dem Hosenbein und trat danach. Sie segelte durch die Luft und landete im rechten Auge des chinesischen Drachens. Chance, der Nat mit dem Körper deckte, konnte nur hilflos zusehen, wie Fouchon sich die Schrotflinte schnappte und den Schlagbolzen einrastete.

Klappernd rollte die Granate im hohlen Kopf des Drachens herum, wie eine Roulettekugel im Kessel. Fouchons Kopf fuhr herum, als die Granate über die lange rosa Zunge des Drachens kullerte, an einen weißen Reißzahn prallte und genau neben seine Füße fiel.

»He, Cheri«, brüllte Chance. »Besten Dank fürs Runterfallen.«

Die Ladung ging hoch. Die Wucht von Feuer und Metall zerriß Fouchons Körper. Heißer Stahl bohrte sich in seine Eingeweide und zerfetzte sein Fleisch. Fouchons Überreste flogen durch die Luft und regneten dann auf den blutbespritzten Betonboden der Fabrik herab.

Scheinbar minutenlang hallte der Explosionslärm wie Donner in dem riesigen Lagerhaus wider. Die Hitzewelle schwappte über sie hinweg, dann richtete sich Chance über Nat auf. Sie hob den Kopf, wollte sehen, was passiert war, und er versuchte erfolglos, ihr die Sicht auf die rauchenden Fetzen dessen zu versperren, was einst der Körper des Mannes gewesen war, der ihren Vater ermordet hatte. Sie starrte einen Augenblick hin und wandte dann den Blick ab, zutiefst aufgewühlt von dem, was sie gesehen hatte.

Dann erinnerten sich Chance und Nat an Douvee und stürmten zu ihm. Die Explosion hatte den alten Mann offenbar aufgeschreckt. Er hatte die flackernden Augen offen, aber sie waren glasig und blicklos. Doch Chance konnte sehen, daß sein zäher alter Mentor noch lange nicht das Zeitliche zu segnen gedachte.

»Verflucht, was soll der ganze Lärm?«

Chance legte den Arm um den Alten und hielt ihn eng umschlungen. »Bleib liegen, Onkel. Alles wird wieder gut. Ich versprech's dir.«

»Wir werden Sie hier rausbringen, Douvee«, sagte Nat unter Tränen. »Halten Sie einfach durch.«

Douvee ergriff Chances Hand. »Versprich mir bloß eins.«

»Alles, was du willst, Onkel.«

»Tu mir 'nen Gefallen. Keine verfluchten Gäule.«

Zweiundzwanzigstes Kapitel

Das Zentrum von Point de Chien bestand aus einer Tankstelle, die nebenbei auch Douvees Weißen Blitz verkaufte und zugleich als Endstation für die Greyhound-Busse im Bezirk diente. Ein paar Wochen nach den Ereignissen in dem Lagerhaus gingen Douvee und Nat eines sonnigen Morgens zu der Tankstelle, um Chance zu verabschieden, der endgültig zur See fahren wollte.

Er hatte sich weitgehend von den Verletzungen erholt, auch wenn er und sein Onkel noch den Arm partnerlookmäßig in einer Schlinge trugen. Bevor er sich einschiffte, wollte er den Verband wegwerfen, weil ihn der Arzt der Reederei sonst nicht für bordtauglich erklären würde.

Der bevorstehende Abschied machte ihnen allen zu schaffen, vor allem aber Nat, und so standen sie zu dritt betreten schweigend da und warteten auf den Bus.

Niemand war froh darüber, das Chance wegging, doch offenbar ließ es sich nicht verhindern. Nat mußte wieder zu ihrem alltäglichen Leben zurück. Sie konnte sich nicht am Bayou niederlassen. In diesem Teil des Landes gab es keinen großen Bedarf an Anwälten. Chance mußte sein Leben neu aufbauen – die Seefahrt war sein Beruf. Und Douvee mußte sich wieder eine Destille bauen.

Dennoch seufzten sie alle drei, als der Bus von der Landstraße abbog und knirschend auf der mit Muschelschalen bestreuten Auffahrt stehenblieb.

»Tja«, sagte Douvee und schüttelte seinem Neffen die Hand. »Kann nicht behaupten, daß es nicht spannend gewesen ist.«

Er drückte den alten Mann an sich. »Ich weiß deine Hilfe zu schätzen, Douvee. Du bist zur Stelle gewesen, als ich dich wirklich gebraucht habe.«

»Allzeit bereit, mein Freund. Ein paar Tage mit dir tun dem Kreislauf von 'nem alten Mann ganz schön gut.« Er kicherte vergnügt vor sich hin. »Komm wieder, wenn du nicht mehr soviel Aufregung haben willst.«

Chance lächelte. »Werd ich tun.«

Douvee klopfte ihm auf die Schulter und trottete dann davon. Er wußte, daß Chance und Nat noch ein paar letzte Minuten lang allein sein wollten.

Chance blickte Nat tief in die Augen, während sie einen letzten Versuch unternahm, ihn von seinen Plänen abzubringen. »Bist du sicher, daß du das wirklich tun willst?«

»Ich kann mir in Glaveston ein Schiff organisieren. Ich...« Er redete nicht aus. Nat blickte tieftraurig zu Boden.

»He«, sagte er und zog ihr Gesicht zu seinem. »Denk drüber nach. Was soll ich denn in Michigan anstellen?« Er legte den gesunden Arm um sie und hielt sie fest.

»Du wirst mir fehlen«, sagte sie mit tränenerstickter Stimme über seine Schulter hinweg.

»Diese Abschiede«, sagte Chance betreten. »Die sind noch nie was für mich gewesen.«

Beide fuhren zusammen, als die Zweitonhupe des Busses ertönte. Zeit zum Aufbruch. Nat riß sich los. In ihren Augen standen Tränen.

»Du solltest jetzt lieber gehen.«

»Yeah«, sagte Chance. »Sollte ich wohl.«

Chance küßte sie sanft, schulterte dann seinen Seesack und stieg in den Bus. Zischend schlossen sich die Türen, und Nat spürte einen Stich bis ins Herz, als sich der Bus in Bewegung setzte. Sie sah ihm einen Augenblick nach, als er auf die Straße rollte, und ging dann zurück zu ihrem Auto.

Der Wind umspielte sie ... und dann drehte sie sich aus irgendeinem Grund noch einmal um. Mit zischenden Bremsen blieb der Bus ein paar Meter weiter stehen, und die Türen gingen auf. Chance stieg aus und kam auf sie zugelaufen.

»He ...«, sagte er verlegen. »Ich hab's mir anders überlegt.«

»Das soll manchmal vorkommen«, sagte Nat scheu lächelnd.

»Da bin ich aber froh, daß so was manchmal vorkommt«, sagte er grinsend. Er warf den Seesack beiseite, nahm sie in die Arme und küßte sie. »Ich geh nicht fort«, flüsterte er ihr ins Ohr. »Nie wieder.«